새벽을 여는 사람들
"불의의 권력은 정의를 이길 수 없다"

정재학 정치 에세이

책마을

새벽을 여는 사람들

"이렇게 새벽을 여는 사람들을 만나면 괜스레 가슴이 뭉클하고 설렙니다. 비록 오늘이 좀 고되더라도 희망을 엮어가고 있기 때문일 것입니다.

그 감동으로 우리가 함께 손잡고 열어가야 할 경산의 새벽에 대해 깊이 생각하며 다시 한 번 마음의 고삐를 다잡습니다.

우리 경산의 행복하고 희망찬 새벽을 열기 위해, 시민과 지역발전을 위해 마지막으로, 그간 준비해온 모든 것을 다 바치겠다는 각오를 다시금 다져봅니다."

머리말
새벽을 여는 사람들
우리 경산 시민과 지역발전을 위해

　이렇게 이른 새벽에 누가 있을까 생각하며 추운 겨울 새벽운동을 겸한 산책길을 나섰습니다. 하지만 무지하고 건방진 생각일 뿐 길에는 어김없이 자신의 길을 가는 사람들이 있었습니다.

　봄기운이 완연한 오늘 새벽에도 깜깜한 밤이 스멀스멀 밀려나고 있는 새벽길을 나섰습니다. 스치기만 해도 반가운 얼굴들이 하나, 둘, 셋, 넷…… 각자 자기 일들을 하면서 정겨운 인사를 보내거나 말없이 손을 흔들며 지나고 있었습니다. 거리를 쓸거나 음식물쓰레기통을 비우는 환경미화원들, 또한 세상과 자신을 위해 새벽기도를 다녀오시는 신앙인들, 건강을 위해 제각기 나름의 새벽운동을 즐기는 이들, 첫차를 몰고 나가시는 버스 기사들이 분주하게 움직이고 이들을 위해 따뜻한 국밥을 파는 식당 두어 집도 어둠속에서 불을 밝히고 있었습니다.

　5일 장날, 장터도 역시 비슷한 새벽풍경을 배경으로 하루가 시작됩니다. 얼마나 아름답고 숭고한 삶의 현장인지요. 이들이 있기에 하루가 의미 있고 활기차게 시작된다는 것을 잘 알고 있습니다. 이들이야말로 진정 '새벽을 여는 사람'들일 것입니다.

이렇게 새벽을 여는 사람들을 만나면 괜스레 가슴이 뭉클하고 설렙니다. 비록 오늘이 좀 고되더라도 희망을 엮어가고 있기 때문일 것입니다.

그 감동으로 우리가 함께 손잡고 열어가야 할 경산의 새벽에 대해 깊이 생각하며 다시 한 번 마음의 고삐를 다잡습니다.

우리 경산의 행복하고 희망찬 새벽을 열기 위해, 시민과 지역 발전을 위해 마지막으로, 그간 준비해온 모든 것을 다 바치겠다는 각오를 다시금 다져봅니다.

2018년 오월

정 재 학

격려사

인간상록수 정재학 동지에게
축하와 영광을

안 철 수
서울시장 후보
바른미래당 인재영입위원장

    정재학 동지의 정치에세이집 『새벽을 여는 사람들』(부제 – "불의의 권력은 정의를 이길 수 없다") 출간을 진심으로 축하드립니다.

    정 동지께선 일찍이 정계에 입문하여 제4대·5대 경북도의원으로 겸손하고 성실하게 의정활동을 하면서 주변의 기대를 한 몸에 받아왔음을 익히 들었습니다.

    1996년 15대 국회의원 총선거에서 아쉽게 낙선한 후 공직에서 일할 기회를 부여받지 못했습니다.

    그러나 동지께선 지역사회와 국가발전에 대한 고민과 대안제시를 위한 노력을 한시도 게을리 하지 않았음을 분명히 알고 있습니다.

그런 정 동지와 함께 기득권, 구태 정치를 몰아내고, 국민을 정치의 중심에 세우기 위한 노력을 해왔습니다.

정 동지는 고향 경산뿐만 아니라 경북 전역을 뛰어다니면서 갈등과 대립의 시대를 끝내고 화합과 상생의 정치, 국민통합의 시대를 함께 열어가자고 목 놓아 외쳐주었습니다.
그렇게 통합과 개혁의 가치를 함께 실현하고자, 우뚝 선 소나무처럼 제 자리를 지켜온 고마운 동지입니다.

이번에 출간되는 정치에세이집 『불의의 권력은 정의를 이길 수 없다』는 정 동지가 추구하는 가치와 생각을 잘 보여준다고 생각합니다.
'지방이 살아야 나라가 바로 선다' '행복한 세상을 만들기 위해' '성 원효학센터' 건립으로 경산 발전의 획기적 기틀 마련하자' 등을 통해 보여준 비전은 대한민국의 미래가 나아가야 할 방향이기도 했습니다.

이 책이 널리 읽혀져 더욱 더 많은 지역민들의 공감과 사랑을 받아 지역과 국가를 위해 일할 수 있길 진심으로 기원합니다.

안 철 수

축 사

지칠 줄 모르는 경산사랑꾼 정재학을 증명하는 책, 출간을 함께 기뻐합니다

권 오 을
경북도지사 후보
바른미래당 경북도당위원장, 전 국회의원

경산시민 여러분 반갑습니다. 권오을입니다.

우리 바른미래당 정재학 경산시위원장의 두 번째 저서 『새벽을 여는 사람들』 (부제 – "불의의 권력은 정의를 이길 수 없다")의 출간을 진심으로 축하합니다.

저자 정재학은 이 시대를 함께 헤쳐가고 있는 동지이자 벗입니다.

우리는 같은 시기에 태어나 같은 학교를 다녔습니다. 하지만 이런 것과는 별개로 굵고 진한 공통점이 있습니다. 그것은 뚝심과 의리, 원칙을 위해서는 목숨도 던질 수 있는 꼿꼿한 선비정신이 살아있는 사나이라는 사실입니다. 이러한 기개와 정신은 비바람이나 눈보라가 몰아칠 때 더욱 빛나는 법입니다.

  동지 정재학은 이 땅에 정의가 살아 숨 쉬는 진실한 보수혁명, 정치혁명을 위해 함께 뛰는 사람입니다.

  많은 사람들도 아시다시피 그간 정재학은 여러 어려움을 겪어왔습니다. 30대 초반 최연소 경북도의원으로 정계에 입문한 후 성실하면서도 날카로운 비판과 대안 제시로 수많은 언론의 호평을 받았으나, 국회의원 선거에서 연이은 낙선으로 공직에서 국가와 지역사회에 기여할 기회를 얻지 못하였습니다.

  그러나 그는 한시도 쉬지 않았습니다.
  이 책이 그것을 증명하고 있습니다. 벗 정재학은 영원한 고향 경산과 자인의 아름다운 산하와 그 속에서 치열하게 살아가는 이웃들의 문제를 고민하고 더 나은 미래를 위해 쉼 없이 달려왔습니다.

  정재학은 나무만 보는 사람이 아닙니다.
  나무를 둘러싸고 있는 숲을 보는 동시에 건강하고 영원한 자연 생태계까지 걱정하는 사람입니다.
  '경산자인 단오제를 기다리며' '경산시립 복합장례 문화공간' 건립으로 불편함과 비용부담 없애야' 등에서 보인 고향에 대한 세세하고도 따뜻한 시선과 함께 '도시철도 3호선 경산 연장으로 대구·경산 상생발전을' 등 지역발전을 위한 과감한 정책제안을 선도하고 있습니다. 더 나아가 '저출산 문제에 대한 근본대책

촉구' '지방이 살아야 나라가 산다' '화합과 상생으로 행복한 세상을' 등에서 보여주듯 거시적이면서도 우리 사회의 근본적인 문제들을 진지하게 고민하고 해결하려는 노력을 끊임없이 이어오고 있습니다.

정재학은 가슴 따뜻하고 의지가 투철한 친구입니다.
그간 수없는 역경 속에서도 함께 해온 수많은 벗들이 그것을 증명합니다. 예쁜 딸을 하늘로 먼저 보내고 무너져 내릴 때도 곁을 지켜준 수많은 벗들이 있었기에 그는 꿋꿋하게 걸어갈 수 있었습니다. 그랬기에 그 벗들과 고향에 평생을 바쳐 갚아야할 것이 있다고 합니다.

이 책은 그러한 정재학의 땀과 고뇌가 서린 경산사랑의 살아있는 기록물입니다. 많은 이들이 필독하고 함께 공감하기를 빕니다.
다시 한 번 출간을 축하하며, 아울러 숱한 역경을 헤치고 나온 정재학 동지의 저력이 경산을 위해 크게 쓰이길 진심으로 기원합니다.

‖ 목 차 ‖

6   머리말

격려사

8   인간상록수 정재학 동지에게 축하와 영광을
/ **안철수**

축 사

11   지칠 줄 모르는 경산사랑꾼 정재학을 증명하다
/ **권오을**

제1부
저출산 대책, 국가적 大과제

21   저출산 대책
25   '경산시립 복합장례 문화공간' 건립으로
불편함과 비용부담 없애야
31   대구도시철도 3호선,
경산(서부~남부~동부~한의대)연장 추진하자
35   대구와 경산, 상생발전으로 가자
39   '성 원효학센터' 건립으로 경산 발전의
획기적 기틀 마련하자
44   경북대 총장을 구하라
49   승자독식 vs. 대연정
54   경산·자인 단오제 개막을 기다리며
59   2017 선택, 화합과 상생의 시대로

‖ 목 차 ‖

제2부

누가 촛불 든 국민들을 거리로 내모는가

- 65　대통령께 드리는 고언
- 69　국가와 '개인', 대한민국과 '나'
- 75　명예혁명은 계속되어야 한다
- 79　누가 촛불 든 국민들을 거리로 내모는가
- 83　국경일과 역사교육
- 88　국가 성장 동력의 새 틀을 짜자·1
- 93　국가 성장 동력의 새 틀을 짜자·2
- 97　타산지석의 지혜로 대형종합병원 응급실 운영개선을
- 101　민심이 제일 무섭다

‖ 목 차 ‖

제3부
도전과 응전의 논리 뛰어넘을 새로운 지도자

107	"불의의 권력은 정의를 이길 수 없다"
110	도전과 응전의 논리 뛰어넘을 새로운 지도자
115	진정성 없는 새누리당 후보들 눈가림, 표 구걸 말라
118	국민 기만하는 새누리당에 경고한다
123	잘못된 사드배치 결정과정과 주권재민
131	19대 대선 단상斷想
133	지방이 살아야 나라가 바로 선다
138	대구 경북의 미래를 위한 선택
141	옥시 살균제 사건과 정부·여당의 부실 대응

‖ 목 차 ‖

제4부

행복한 세상을 만들기 위해

151   교황이 남긴 메시지
155   아베 일본총리, 과거사 인식 문제 있다
159   세상사 마음먹기에 달렸다
164   메르스와 청와대
169   호국의 달에 보은을 생각하다
174   민주화의 큰 별,
           김영삼 전 대통령 서거를 애도하며
178   모교사랑과 지역사랑 정신을 이어가기 위해
182   행복한 세상을 만들기 위해

시민의 시

188   인생 한평생을 뒤돌아보니 / 故 정선경
190   성암산 곳곳에 진달래 만개하니 / 이정희

제1부

저출산 대책, 국가적 大과제

물론 난임치료도 저출산대책 중 하나가 되어야겠지만 그것이 1순위일 수는 없지 않은가. 우선은 결혼부터 해야 임신문제를 걱정할 게 아닌가 말이다. <중략>

결혼을 앞둔 젊은이들의 주거마련 비용에 대한 두려움을 덜어주고, 적어도 주거비용 때문에 결혼을 망설이거나 회피하는 일이 없도록 하기 위해 3천~5천만 원의 저가로 임대주택을 희망하는 신혼부부 모두에게 전면 공급하는 정책을 제안한다.

「저출산 대책」 중에서

저출산 대책, 국가적 大과제

신혼부부에게
임대주택을
전면 저가로 공급하라

2017년 정유년이 저물어가고 있는 12월 26일, 문재인 대통령이 제6기 저출산고령화사회위원회 출범 간담회에 참석했다.
그 자리에서 대통령은 "지금까지 정부의 저출산대책은 실패했다. 저출산대책은 결혼, 출산, 육아 문제뿐만이 아니라 여성 삶의 문제로 인식하고 해법을 찾아 나가겠다"고 밝혔다.

대한민국이 현재 고령화사회로 급속도로 진행하고 있음은 의심의 여지가 없는 심각한 사실이다. 특히 농촌이 더욱 그러하여 아이 울음소리가 들리지 않은 지 오래다.
경산은 대구와 인접해 있어 인구증가추세에 있긴 하지만 7개 동지역과 진량·하양·압량을 제외한 나머지 5개 면의 사정은 추세와 다르지 않다. 6~70년대에는 읍면에 있는 대부분의 초등학교 학생 수가 2천 명이 훨씬 넘었다.

그러나 지금은 전교생 숫자가 대부분 100여 명 또는 그 미만이다. 폐교된 학교도 부지기수다.

국가 전체적으로도 해를 거듭할수록 신생아 수가 급격히 줄어 2000년 초 연간 50만여 명 선에서 지난해엔 43만8천 명으로 줄었고, 2017년에는 신생아 수가 36~7만 명 정도로 줄어들 것이라 예측한다.

저출산·고령화의 원인과 대책은 여러 가지가 있겠으나, 우선 저출산의 원인을 높아진 평균 결혼연령에서 찾아보고자 한다. 평균결혼연령이 2016년 기준 남자 35.8세, 여자 32.7세로 높아지고 있는 현실에 주목해야 한다.

해가 갈수록 이렇게 결혼연령이 높아지는 이유는 도대체 무엇일까?

결혼에 대한 인식과 가치관이 변화한 탓도 있겠지만, 무엇보다도 결혼비용 중 가장 큰 비중을 차지하는 막대한 주거비용 부담이 그 첫째 이유일 것이다.

결혼에 대한 사회적 인식과 가치관의 문제는 당장 어쩔 수 없다 하더라도 적어도 주거비용 문제만큼은 신혼부부들이 큰 부담을 갖지 않을 수 있도록 국가나 지방자치단체가 해결해 줄 수 있어야 한다.

2006년부터 2015년까지 역대 정부가 저출산대책에 쏟아 부은 예산은 150조 원이 넘는다. 거기에다 향후 2020년까지 추가로 100조 원대의 예산을 더 투입할 것이라 한다.

그런데 우선 지금까지 시행해온 저출산 문제를 바라보는 시각에 문제가 있었다는 점을 지적한다.

그 중 대표적인 것이 2016년에 발표된 저출산 긴급대책 1번 과제가 난임치료라는 것이다. 물론 난임치료도 저출산대책 중 하나가 되어야겠지만 그것이 1순위일 수는 없지 않은가. 우선은 결혼부터 해야 임신문제를 걱정할 게 아닌가 말이다. 뿐만 아니라 대책안이라고 내놓은 다른 것들도 대부분 백화점식 나열에다 중구난방이라는 점이 문제다. 물론 신혼부부에게 임대주택을 공급한다는 행복주택 공급정책도 들어있긴 하다.

하지만 연간 30만 쌍이 넘는 신혼부부들에게 고작 1만8천여 가구를 지원한다니 이것이야말로 '언 발에 오줌 누기'식 정책이 아닌가.

이에 필자는 결혼을 앞둔 젊은이들의 주거마련 비용에 대한 두려움을 덜어주고, 적어도 주거비용 때문에 결혼을 망설이거나 회피하는 일이 없도록 하기 위해 3천~5천만 원의 저가로 임대주택을 희망하는 신혼부부 모두에게 전면 공급하는 정책을 제안한다.

실 주택가격과의 차액은 신청자로 하여금 장기분할상환을 하도록 하고 이자는 국가와 지방자치단체가 공동부담하는 방법이다. 이때 발생하는 부담이자의 총액은 1조 원 미만으로, 연간 2~30조원 이상인 저출산대책 예산의 일부만으로 충분히 가능하다는 계산이 나온다.

이 제안이 정책화되고 실현되게 하기 위해 저는 모든 단계에 걸쳐 다양한 경로와 과정을 통해 노력할 것임을 다짐하며 시민 여러분의 적극적인 지지와 동참을 부탁드립니다.

2017년 12월

'경산시립 복합장례 문화공간' 건립으로 불편함과 비용부담 없애야

화장장이 시급하다

장례와 관련해 시민들의 인식이 점점 매장埋葬에서 화장火葬으로 바뀌고 있어 화장률이 매년 가파르게 상승하고 있다.

보건복지부가 전국 시·군·구 화장시설에 대해 '2016년도 전국 화장률' 조사를 실시한 결과에 따르면, 지난 1994년 20.5%이던 화장률이 2005년엔 52.6%, 2011년엔 71.7%, 2016년엔 82.7%를 돌파했다고 한다. 이는 화장하는 비율이 20여 년 전보다 약 4배 증가한 것으로 10명 중 8명 이상이 화장을 한다는 말이다. 이 추세로 보아 앞으로도 화장 수요는 계속 늘어날 것으로 보인다.

하지만 경산시에는 화장시설이 없어 '더부살이'로 대구의 화장시설을 이용하고 있다. 이 때문에 대구의 명복공원에서 화장을 한 후 다시 경산이나 청도의 장지로 가는 불편함과 함께 관외 지역민에게 부과되는 높은 시설 이용료로 인해 이중고를 겪고 있다.

외지인에 화장료 '바가지'
현지인 우선 외지인 나중

2017년 10월 기준 전국에서 운영되고 있는 화장시설은 모두 59곳이고 화장로는 346개로 집계됐다.

전국 59개 화장장 중 1곳을 제외하고 모두 지방자치단체가 직접 운영한다. 하지만 지자체 관내와 관외 이용자에게 받는 요금이 최대 20배까지 차이 난다. 전국 어디든 관내에 화장장이 없는 주민은 고비용을 부담할 수밖에 없다.

전국에서 차액이 가장 큰 경기도 성남시의 경우 지역주민에게 5만원을 받는 이용료를 외부 이용자에게는 100만 원을 받는다. 지역주민과 외지인의 이용금액 차이가 가장 작은 곳은 충남 홍성군과 경북 울릉군으로 2배 차이가 난다.

경산시민들이 주로 이용하는 대구 명복공원의 이용료를 보면, 2008년 6월까지 대구시민 9만원, 인근지역 45만 원이다가 대폭 올라서 2017년 기준으로 대구시민 18만원, 경산 등 인근지역 및 준 관내지역민이 70만 원이다. 그것도 인근 경북 외 지역은 100만 원을 받고 있다.

공급이 수요를 감당하지 못하는 현실

비싼 이용료만 문제가 아니다.

지역민이 아닐 경우 대기시간이 엄청나게 길다. 따라서 장지가 먼 경우는 매우 곤란을 겪게 된다. 공급이 수요를 따라가지 못하기 때문이다.

가족을 잃은 유족들은 황망한 가운데서도 화장장을 구하느라 전전긍긍해야 하는 경우가 빈번하다. 심지어 화장장 사정 때문에 3일장을 치르지 못하고 4일장을 치르게 되는 경우도 있다 한다. 특히 겨울철과 환절기에는 고령층 사망 빈도가 높아 화장장 수요도 급증하지만 공급이 따라가지 못하는 실정이다. 윤달이 들 때면 사정은 더 심각해진다.

대구 명복공원에 따르면 최근 3~4개월 동안 화장시설 이용 예약이 꽉 찼다고 한다. 실제 하루 최대 45건의 화장을 진행하는 명복공원에서 지난 1월 하루 평균 44.5구의 시신을 화장해 가동률이 98.7%에 이르렀다. 이 기간 동안 총 1천377구의 시신을 화장해 지난해 같은 기간 1천220구보다 11.5% 증가한 것으로 나타났다. 그러니 대구의 유일한 화장시설인 명복공원이 늘어나는 화장 수요를 맞추지 못할 것이라는 우려가 빈말이 아님을 알 수 있다.

따라서 '경산시립 복합장례 문화공간' 건립을 통해 보다 가깝고 편리하게 장례를 치를 수 있도록 하는 일은 경산의 시급한 과제 중 하나다.

정부가 지역별 편차로 인해 국민이 겪는 불편을 최소화하기 위해 2022년까지 전국에 화장로 52개를 확충할 계획이라고 한다. 보건복지부는 이 같은 내용을 담은 '2018-2022 제2차 장사시설 수급 종합계획'을 발표했다.

하지만 이 중 절반에 가까운 25곳이 서울과 경기 지역에 들어서게 된다.

경산은 어떻게 될지 알 수 없다는 말이다.

'경산시립 복합장례 문화공간' 최대한 빨리 건립
그때까진 불편 줄일 대안마련이 시급

최대한 빠른 시일 내에 '경산시립 복합장례 문화공간'을 건립하되, 그때까지는 시민들의 불편함을 최대한 줄일 수 있는 방법을 다각도로 연구하고 적극적으로 찾아야 한다.

현재 포항시는, 영덕군민이 포항시 공공화장장 시설을 이용할 경우 이용료를 포항시민과 동일하게 적용하는 '화장장설치 및 사용조례' 일부 개정안을 통과시켜 실시 중에 있다. 이로 인해 포항시는 1억 원에 가까운 세수가 줄어들었지만 상생을 택한 것이다.

경주시는 기존 호적법상의 본적인 등록기준지가 경주로 되어 있을 경우 타 지역 이용료 70만 원의 절반인 35만 원만 받고 있다. 이는 대구시가 등본상 마지막 주소지를 적용하는 것과 대조된다.

그런가 하면 화장장이 없는 지자체가 타 지역 화장장을 이용할 경우 지역민을 위해 '화장장려금 지원조례'를 제정한 곳도 있다. 충북 단양군은 관련 조례를 제정, 단양군민이 제천시 등 타 지역 화장시설을 이용할 경우 최대 20만 원까지 지원해주고 있다.

우리 경산 또한 시민들의 불편을 해소하기 위해 실현가능한 방법들을 적극적으로 찾아야만 한다.

대구화장장이 경산군 고산면에 설치될 당시 경산군과 대구시 사이에 오간 공문 중에는 당시 강계원 대구시장이 '대구시민과 동일하게 사용할 수 있음을 회시합니다'라고 답변한 사실이 있다. 이를 근거로 '경산시립 복합장례 문화공간'이 건립될 때까지는 경산시민이 대구시민과 동일한 이용료 적용을 받을 수 있도록 대구시에 강력하게 요구해야 한다. 경북도의회에서도 이미 여러 차례 거론하긴 했지만 지금까진 실질적인 소득이 없었다. 경산시가 대구시를 상대로 끊임없이 상생을 촉구해야 하는 이유가 여기에도 있는 것이다.

'경산시립 복합장례 문화공간'이 건립되면 그 동안 관내에 화장장이 없어 겪어야 했던 과다한 대기시간으로 인한 장례절차의 불편함과 높은 비용부담이 없어질 것이다.

복합장례 문화공간에는 현대식 화장시설과 편의시설, 그리고 장지시설로는 잔디장, 수목장, 봉안당(납골시설) 등을 갖춰야

할 것이다. 명칭은 향후 시민의 의견을 모아 결정하면 된다.
    이젠 더 미룰 수가 없다. 우리 경산에서도 이 문제를 해결하기 위해 더욱 적극적으로 중지를 모으고 현실화해야 할 때다.

2018년 3월

대구도시철도 3호선,
경산(서부~남부~동부~한의대) 연장
추진하자

현재 우리 경산시민들은 2012년 9월에 개통된 대구지하철 2호선 경산연장구간(사월역~영남대역)을 잇는 정평역, 임당역, 영남대역을 통해 지하철교통편을 이용하고 있다.

그러나 실제로 경산시민 중 극히 일부를 제외한 대다수이용자들은 사월역에서 내려 버스 등의 환승을 통해 제각기 목적지로 이동하는 실정이다.

한편 2015년 4월에 개통된 대구도시철도 3호선은 대구 칠곡 경대병원역에서 서문시장과 수성못·지산·범물을 거쳐 용지역까지 운행되고 있다.

**경산 인구분포와
2호선 노선의 문제점**

2017년 6월 현재 약 27만 경산 인구 중 8개 읍면인구는 약 11만5천 명이고 7개 동 거주인구는 약 15만5천 명인데, 그 중 2호선 역세권 주변 인구는 정평동·북부동·중방동 일부로 약 2만5천~3만 명 정도로 추산된다. 나머지 약 12만5천 명 이상의 인구는 지하철 2호선 역세권 밖인 중산·옥산·옥곡·중방·중앙·남부·동부동에 거주하며, 2~3번 환승의 불편함과 추가시간 소요를 부담해야 한다.

이 인구분포비율은 과거 1993년 11월에 열렸던 '지하철 2호선 경산연장 노선에 관한 공청회'에서 제기되었던 노선변경 논거와 거의 비슷하다. (당시 동 거주 경산인구는 역세권 약 1만5천 명 대 비역세권 약 7~8만 명).

당시 공청회는 경산출신 5명의 도의원들(이배희, 이천우, 정문원, 정재학, 고 전수봉 의원)이 노선에 관한 문제를 제기했고, 이를 경북도의회가 만장일치로 수용하여 경상북도가 개최하였다.

그 후 경상북도는 도의회의 의견과 공청회 결과를 바탕으로 2호선 노선을 사월~오거리~삼풍(영대 남문)~상대온천입구~자인북사~진량으로 최종 확정하고, 이를 경상북도 중장기 계획에 포함시켰다. (동 내용 2007년 3월 25일자 경산자치신문 참조)

그럼에도 불구하고 2007년의 2호선 경산연장 공사 시에는 대부분의 시민들이 어떤 과정과 절차를 거쳤는지 모르는 채 현행과 같이 정평·임당을 거쳐 영남대 정문역으로 변경 시공 완공되어 오늘에 이르고 있다.

다수 시민의 편익 위해
3호선 경산 서남동부 연결해야

이제 경산은 12개의 대학, 진량·자인의 1·2·3·4 지방공단, 3개의 재래시장, 하양·와촌의 지식산업지구 개발 그리고 꾸준히 증가추세에 있는 아파트, 원룸단지 건설 등으로 도시는 하루가 다르게 변모하고 인구도 증가하고 있다.

지금 용역설계 중이며 내년 상반기 착공예정인 지하철 1호선 하양 연장이 완료되더라도 위에서 언급한 경산 중앙로·서부·남부·동부동 일원에 있는 주민들은 지하철 이용이 불편할 수밖에 없다. 따라서 현재 범물지구 용지역까지 경전철로 운행하는 도시철도 3호선을 시지와 사월을 거쳐 경산의 옥산·옥곡·백천·사동을 지나 대구한의대학교까지 연장한다면 경산시민의 교통 편익은 극대화될 수 있을 것이다.

그럴 경우 남천·자인·남산·용성 등 상대적 낙후지역의 개발도 촉진될 수 있을 것이다. 경전철은 공사비가 적게 들고 시공이 용이하며 소음과 진동이 적어 쾌적하고, 공중을 달려 전망이 좋아 관광노선으로도 활용된다. 특히 남천강변을 따라 건설된다면 건설비용과 교통 불편은 최소화하고 전망은 아주 멋질 것이다.

과거 지하철 2호선 경산연장은 국비 60%, 지방비 40%(대구시 20, 경상북도 10, 경산시 10)의 부담으로 이루어졌다.

만약 각계각층의 노력으로 부산의 경우처럼 국비 80%, 지방비 20% 비율로 할 수 있게 된다면 그 부담은 훨씬 줄어든다.

이렇듯 다수 경산시민의 편익증대와 지역균형개발을 꾀할 수 있으며, 국가와 지방자치단체의 예산을 효율적으로 사용하고 효과는 극대화할 수 있는 도시철도 3호선 경산연장을 위해 시민 모두가 발 벗고 나서보자.

2017년 6월

대구와 경산, 상생발전으로 가자
도시철도 3호선 경산연장으로

대구와 인접도시 경산의 관계

1970년대까지 대구는 경상북도의 제일도시이자 도청소재지였다.

1981년 대구가 직할시로 승격되면서 당시 인접지역이던 칠곡군·달성군 일부와 함께 경산군 안심읍과 고산면이 대구직할시로 편입되어, 오늘날 대구광역시 동구 반야월과 수성구 시지로 눈부시게 발전해가고 있다. 특히 시지 지역은 대단지 아파트와 월드컵경기장, 야구경기장이 이미 들어서 있고 수성의료지구와 다양한 공공기관과 시설이 들어올 예정이다.

반야월 지역 또한 대구 혁신도시지구로 개발되고 있으며 하루가 다르게 변모하고 있다.

그 당시 경산은 전국 최대의 사과 주산지로서, 경산사과는 동촌, 칠곡 지역의 사과와 함께 '대구사과' 또는 '대구능금'으로 명명되어 전 국민들에게 알려지고 사랑을 받았다.

또한 1970년대 대구에 있던 영남대학교의 경산 이전을 필두로 1980년대엔 대구카톨릭대학교, 대구대학교, 대구한의대학교 등 총 12개 대학이 경산으로 이전해 오거나 새로이 설립되어 경산은 지금 명실상부한 대학도시, 청년인재 양성도시로 발전해 가는 중이다.

한편 삼성그룹의 뿌리였던 경산의 제일합섬은 대구의 제일모직과 함께 일찍이 대구 경북을 넘어 대한민국의 섬유산업을 주도해 왔다. 지금도 염색공단과 대구 경산 곳곳에 산재해 있는 크고 작은 각종 섬유공장 및 연구기관들이 그 명맥을 이어가고 있다.

대구와 경산이 이렇게 상호 불가분의 관계로 발전해온 역사성과 지리적 인접성에다 2012년 지하철 2호선의 경산연장으로 교통 편리성까지 더해져 경산은 대구의 베드타운화 되고 있다. 거기에다 대구에 비해 대략 50~70% 수준인 상대적으로 저렴한 주거비용과 값싼 물가, 맑은 물과 공기 때문에 대구시민의 경산이주가 날로 증가하고 있다.

대구·경산 간 1일 유동인구는 시내버스 추정 이용객 약 10만 5천 명, 달구벌대로·월드컵대로·대구~하양 간 국도를 통과하는 승용차, 일반차량 및 지하철 이용객 등을 합하면 수 십 만이 넘는다. 그러니 경산과 대구는 사실상 하나의 생활권이라 해도 무방할 것이다.

도시철도 3호선
경산 중산~서부~옥곡~남부~동부 연장

2012년 지하철 2호선이 당초 계획이었던 사월~경산오거리~영남대 남쪽 노선과 달리 실제로는 사월~정평~임당~영남대역까지로 연장 건설되었다. 이로 인해 정평역・임당역・영남대역 주변의 약 2만5천여 명 시민들은 많은 편익을 누리게 되었다. 반면 경산 중방・중앙・서부・남부・동부동 지역에 거주하는 13만여 명의 다수 시민들은 사월역에서 한두 번 환승을 해야 하는 불편을 겪어왔고, 지역개발도 그 만큼 늦어졌다.

현재 도시철도 3호선은 대구 북구 칠곡에서 수성구 범물동 용지역까지 운행 중이다. 그리고 지금 라이온즈파크 야구경기장 뒤편에 조성 중인 수성의료지구까지는 3호선 연장건설이 이미 계획되어 있다.

이젠 경산시민들의 상생발전 요청에
대구가 화답하고 협조할 차례

그런데 '그 다음 노선을 어디로 하느냐'가 27만 경산시민들에게는 매우 중요한 관심사다.

때마침 대구시는 3호선 연장노선을 반야월 혁신도시 쪽으로 잠정 정하고, 국가예산확보를 위한 타당성조사에 들어갔다고 한다.

경산시민들은 인구가 급증하고 있는 서・남・동부 지구의 심각한 교통 불편을 해소하기 위해, 수성의료지구역~시지~경산 중

산동~서부~옥곡~남부~동부동(아파트지구)~대구한의대까지 연장되기를 강력히 희망한다. 거기서 영남대~반야월역으로 연결한다면 인구 밀집지역을 통과할 뿐 아니라 1·2·3호선이 순환 연결되는 극대효과도 누리게 될 것이다.

이렇게 될 경우 10년 전 지하철 2호선 연장노선 변경으로 겪어온 시민들의 고통과 섭섭함을 달래줄 수 있을 뿐 아니라 지역의 균형발전과 국가예산의 효율적인 집행 및 다수 시민에게 이용편의를 제공한다는 보편타당의 효과를 동시에 달성할 수 있을 것이다.

또한 이용승객의 급증으로 도시철도 운영수지도 상당히 개선될 것이다. 부수적으로 대구광역시가 출범 이후 지속적으로 원해 왔던 '대구 경산의 사실상 통합'의 효과도 달성할 수 있을 것이다.

대구광역시와 경상북도는 지방자치제 부활 실시 이후 상호 동반성장, 상생발전을 주창해왔다.

이제는 경북과 경산 등 인근지역의 희생과 협조 위에서 성장하고 발전해온 대구광역시가 27만 경산시민들의 상생발전 요청에 화답하고 협조할 차례다.

2017년 9월

'성 원효학센터' 건립으로 경산 발전의 획기적 기틀 마련하자

도농 복합도시를 뛰어넘어
도농문화 복합도시로 거듭날 때

우리 경산은 그 동안 지속된 경기침체로 인해 힘든 시기를 보내고 있다. 물론 이 문제는 우리 경산만이 아닌 국가적 전체적인 경기침체의 영향이다.

하지만 우리 경산 지역경제는 특히 더 힘이 든다. 지역 내에서 생산된 소득과 부가가치의 많은 부분이 경산보다 경제규모가 큰 인근 대구나 서울 등지로 빠져나가고 있기 때문이다.

이는 그 동안 우리 경산의 경제 활성화를 책임져야 할 지도층의 반목으로 인해 성장은커녕 오히려 지역발전의 발목을 잡는 행태를 보여 왔던 결과로, 참으로 통탄할 일이다.

경산은 진량산업단지를 중심으로 하는 공업과 과수농업, 축산, 유통, 건설 등 도농복합형이다. 이 말을 다르게 해석하면 지역경제를 받쳐주는 확실한 축이 없다는 말이 되기도 한다.

어느 분야나 어느 시기나 다 중요하지만, 특히 경기 침체기에도 든든하게 한 축을 받쳐주는 신 성장동력이 따로 있어야 어려운 시기를 이겨나갈 수 있다.

'성 원효학센터' 건립으로
경산 발전의 획기적 기틀 마련

모든 산업은 발전과 흥망의 시기가 있으며, 정치지도자는 그 흐름을 먼저 읽고 대처하여 지속적인 성장이 가능케 해야 한다.

세계의 모든 이름난 도시는 문화와 밀접한 관련을 맺고 성장 발전해 왔다.

우리 경산에도 경제발전과 더불어 전 세계 도시와 어깨를 나란히 할 수 있는 지속가능한 문화 아이템이 있다. 이에 경산 발전의 획기적인 기틀을 마련할 신 성장동력 문화사업을 제시하고자 한다.

바로 우리의 땅 경산에서 태어나신 민족의 위대한 사상가, 원효스님의 학문과 사상을 연구하는 '성 원효학센터'를 건립하는 것이다.

원효스님은 오천년 대한민국 역사에서, 아니 전 세계의 사상가 중에서도 위대한 분이었다. 인도의 용수·중국의 달마와 함께 세계 정신사에 우뚝 솟은 봉우리다. 스님은 우주만물의 궁극적 근원에 대한 깨달음을 중생과 함께 나누는데 일생을 바쳤을 뿐만 아니라 심오한 사상을 대승불교 전반에 뿌리 내리게 했다.

원효스님의 출생지인 경산 자인의 제석사에서는 매년 단오에 즈음하여 학계 인사 및 일반 시민들이 스님의 큰 뜻을 추모하는 '원효성사다례제'를 봉행해오고 있다.

하지만 스님의 생애와 업적 및 사상에 대한 연구가 일본, 중국, 미국, 유럽 등지에서는 왕성하게 이뤄지고 있으나 정작 고향 경산에서는 전무한 실정이다. 2006년 말 미국 종교학회에서도 '원효 분과'를 설치하고 본격적인 연구에 나서는 등 1천3백여 년이 지난 오늘날에도 원효사상에 대한 연구는 해외에서 더욱 폭넓게 확산되고 있다.

이러한 원효스님의 사상과 학문을 연구하고 이를 집대성하는 것은 우리 경산인에게 주어진 책임임과 동시에 경산에 주신 크나큰 기회요 선물이기도하다.

'성 원효학센터'를 경산에 건립해 스님의 학문을 집대성하여 세계적인 문화관광도시로 발돋움하면, 지역경제의 지속성장이 가능한 토대를 마련하게 될 뿐만 아니라 '원효성지'로 고장의 이름을 자손만대에 남겨주게 될 것이다.

'성(聖) 원효학센터' 추진의 당위성

첫째, 원효성사의 대도량 건립 장소를 그의 탄생지인 경산에 세움으로써 자손만대에 정신적 유산을 물려줌은 물론 경산을 자랑하는 상징으로 삼아야 하기 때문이다.

둘째, 세계 최대의 학원도시 경산은 우수한 인재와 연구인력이 인재풀pool을 형성하고 있어 '성 원효학센터'를 운영발전 시켜 나갈 인재조달이 용이하다.

셋째, '갓바위 부처님' 등 불교유적과 동화사와 은해사 등 큰 사찰과 훌륭한 스님들이 인근에 있어 부처님과 원효스님의 가르침을 오늘에 접목시킬 '힘의 결집'에 더없이 좋은 여건을 갖추고 있다.

넷째, 학문과 사상면에서 세계 최고의 전당이 되어야 할 대도량은 그 규모면에서도 수백만 평의 부지가 필요한데 경산은 이를 건립할 부지 확보가 용이하다.

'성 원효학센터' 건립 운영에 따른 기대 효과

'성 원효학센터' 건립 운영에 따른 기대 효과는 엄청 크다. 하나하나 자세히 살펴보자.

'원효학'의 집대성 달성

우리 생활양식과 문화에 큰 영향을 남긴 위대한 사상가 원효의 가르침을 재조명하여 이를 계승 발전시키는 것은 우리의 정신문화 발전에 크게 기여하는 일이다.

원효투어, 경산의 관광·문화 수입 극대화 기대

원효의 사상과 학문의 시작이 동굴임에 착안, 원효의 깨달음을 체험할 수 있게 하는 '원효투어' 프로그램 운영을 통해 관광

수입 극대화는 물론 이에 따른 문화 수출 등과 관련하여 고용창출의 극대화를 기대할 수 있다.

경제성장의 원동력 역할

원효학센터의 연구원 및 그 가족 이주에 따른 인구유입과, 세계 각 지역의 관련 분야 연구원 및 연수프로그램 이수를 위한 방문객 확보로 지속적인 성장을 기대할 수 있다.

에코랜드Eco land 건립으로 도시 이미지 제고

문화는 굴뚝 없는 산업이다. 원효학센터 역시 굴뚝 없는 산업으로 사람과 자연이 모두 건강한 Eco land 건립이 가능하여 친환경 도시라는 경산의 이미지를 제고할 수 있다.

그 외에도 부수적으로 일어날 지역개발 및 지역경제 활성화 효과가 무수히 많고 클 것으로 기대된다.

이 사업이 완성되면 경산은 세계적인 문화도시와 어깨를 나란히 함과 동시에 국내외 관광객과 초중고 및 대학생들의 체험학습코스로 유명한 관광교육도시로 발돋움할 것이다. 이는 기술의 발달이나 유행에 영향을 받지 않아 사양화 되지 않으며, 오히려 시간이 갈수록 경산의 이름을 더 높여줄 위대한 사업이다.

이 모든 것들이 바로 경산에 원효스님의 사상과 학문을 연구하는 '성 원효학센터'를 건립해야하는 이유다.

2017년 12월

경북대 총장을
구하라

 2014년 9월부터 현재까지 대구·경북지역의 명문 국립 경북대학교는 6개월째 총장이 공석인 기이한 사태 속에 있다.
 그로 인해 대학운영에 혼란이 일고 학생과 교직원 등 구성원들의 갈등과 불안도 적잖아 보인다. 당장 이달 말 졸업하는 학생들의 졸업장엔 총장 이름 대신에 '직무대행' 또는 '권한대행'이란 글자가 찍혀야할지 모른다.
 경북대학교는 2014년 8월 전임총장의 임기만료에 따라 2차례 선거 끝에 11월에 생명과학부 김 모 교수를 총장후보로 선출하고 2위 후보와 함께 교육부에 임용제청 신청을 하였다.
 그러나 교육부는 명백한 이유는 밝히지 않은 채 '1·2위 후보 모두 총장으로 부적합하니 타 후보를 재선정하여 올리라'는 공문을 보내왔다고 한다.

총장 직선제는 1987년 민주화의 산물로, 현행 법 절차상 국립대 총장은 대학총장추천위원회가 직·간선의 방법으로 추천한 인사를 교육부장관의 제청으로 대통령이 임명하도록 되었다. 과거 대통령 임명제에서 민주화 투쟁으로 어렵게 얻은 직선제를, '교육부 제청'이란 절차를 중간에 끼워 넣음으로써 다시금 간선제로 만들어버린 것이다. 이는 교육부가 2012년부터 재정지원과 연계하여 대학을 강도 높게 압박, 2014년 전국 국립대학들이 대부분 이에 굴복함으로써 완성된 대학사회 흑역사의 일부다. 전국 국립대학들이 '불의不義는 참아도 불리不利는 참을 수 없어서(?)' 교육부의 방침에 굴복해버린 것은 아닌지 또 다른 이유가 있는지는 알 수 없다.

어쨌든 이 사실은 2014년 1월28일 교육부가 전국 39개 국립대학교에 보낸 '총장직선제 개선과 2014년 재정지원사업 연계 알림'이란 노골적 공문에서 명백히 드러난다.

문제는 이 사태가 경북대학교에만 국한된 것이 아니라 한국체육대학교, 공주대학교, 한국방송통신대학교 등 4개 국립대학도 같은 문제를 겪고 있다는 점이다. 방송통신대학교가 6개월째, 공주대학교는 11개월째, 한국체육대학교는 무려 23개월째 총장 공백상태가 지속되고 있다.

법원 판결 세 번으로 드러난 교육부의 억지를 보면, 한국방송통신대학교 류수노 총장후보는 '총장임용거부처분취소'소송을 제기해 1심에서 승소했고, 공주대학교 김현규 총장후보는 1심은 물론 2015년 1월21일 2심에서 승소했음에도 교육부는 대법원의 판결을 구하겠다며 상고하는 억지를 부리고 있다 한다.

법원은 세 번의 판결 모두 '이유와 근거를 제시하지 않고 사전통지나 후보자의 의견청취를 하지 않은 총장임용제청거부는 부당하다'는 똑같은 이유로 교육부의 거부가 잘못되었음을 밝혔다. 그럼에도 불구하고 교육부는 행정력 낭비와 해당 학교의 업무공백 및 혼란을 초래하는 만용을 되풀이하고 있는 것이다.

교육부가 이렇게 비상식적 억지를 부리는 이유가 무엇일까.

장기적으로는 교육부가 사실상의 대학총장 임명권을 쥐고 대학사회를 실질적으로 통제하겠다는 것이고, 현실적으로는 청와대와 정권의 눈치 보기를 하고 있는 것 아닌가 하는 의심을 피할 수 없다.

최근 한국체육대학교는 23개월의 총장 공백사태 속에서 네 번의 선거와 네 번의 교육부 거부 끝에 다섯 번째 선거를 치렀다. 그 결과 정·재계 인맥을 강조한 3선 국회의원 출신 정치인을 선출해 2월3일자로 임용제청하여 승낙을 받았다.

민주와 정의를 가르쳐야할 교육부의 이 같은 억지행태는 여러 가지 문제점을 안고 있다.

첫째, 시대에 역행하는 비민주적이면서도 정의에 어긋나는 처사라는 점이다.

대학의 자율성과 독립성은 헌법과 법률에 규정되어 있다. 뿐만 아니라 박근혜 대통령도 후보시절 '당연히 보장되어야 한다'고 했다. 혹시나 이들 총장후보들이 과거 시국선언에 서명했다 하여 또는 비판적인 시민단체에 몸담은 적이 있다는 이유로 총장 임용제청을 거부하거나, 소위 '코드'가 맞지 않는 진보성향이라는 이유로 거부한 것이 아닌지 하는 의심을 떨칠 수가 없다. 그러니 이 나라가 과연 민주주의 국가가 맞는지, 독재시대로 회귀하려는 것이 아닌지 묻고 싶다. 국가 백년지대계인 교육을 담당하는 소관부처가 이렇게 비민주적이고 부정하다면 자라나는 학생들에게 무엇을 어떻게 가르칠지 참으로 걱정이다.

둘째, 국가행정력을 낭비하고 사회갈등을 조장한다는 점이다.
짧게는 반년, 길게는 2년에 걸쳐 대학 학사행정을 혼란스럽게 하고, 1·2심 법원이 똑같은 명백한 이유를 들어 교육부 잘못이라는 판결을 내렸음에도 불구하고 3심으로 가겠다는 교육부의 억지가 과연 옳은가. 황우여 교육부장관은 판사출신이니 누구보다도 잘 알고 있을 것이다. 3심인 상고심은 사실심이 아니라 법률심이며 1·2심에서 법적용을 잘못했거나 1·2심 판결을 뒤집을 만한 중대한 증거가 나오지 않는 한 교육부가 승소할 수 없으리라는 점을 모를 리 없을 텐데 말이다. 교육부는 1·2심 재판과정에서 어떠한 증거도 제출한 바가 없었다 한다. 대법원에서 교육부가 패소하면 2년에 걸친 사회적 혼란과 해당 대학과 학생들이 입은 피해 책임은 누가 어떻게 질 것인가.
셋째, 정권 입맛에 맞는 인사선택을 하기 위함이거나 '대학

길들이기' 일환이 아닌지 매우 염려스럽다.

만일 교육부의 이러한 부당한 '갑질' 횡포가 '을'의 지위에 있는 대학으로 하여금 한국체육대학교 경우처럼 정치인 출신 총장이나 정권 입맛에 맞는 인사선택을 종용하기 위함이거나, '대학 길들이기'를 위한 부작위적 꼼수라면 이것은 교육부의 존립을 생각해야할 만한 일이다. 그렇다면 이 문제에 직·간접으로 관여한 공무원들이 대학의 권리행사를 방해함으로써 직권남용의 죄를 범하고 있는 것이다.

대통령 또는 대통령의 눈치를 살펴 알아서 기는 소위 '십상시'들에 휘둘려 교육부가 제 일을 제대로 못한다면 장관 이하 담당 공무원들은 더욱 그 자리에 있을 자격이 없다.

지금 경북대학교에서는 학생들과 교수협의회·교직원단체 등이 연일 번갈아가며 이 문제로 성명을 발표하거나 단체투쟁을 하고 있다.

다른 3개 대학의 경우도 대학신문이나 지역 언론들이 불을 뿜고 있지만 교육부는 침묵을 지키고, 조·중·동 등 중앙언론들과 국회의원들도 웬일인지 덤덤하기만 하다. 이것이 이 나라의 주인인 국민, 가까이로는 지역사회와 시민이 앞장서서 '경북대학교 총장 구하기' 행동에 나서야 하는 이유다.

2015년 2월

승자독식 vs. 대연정

더불어민주당 대선후보 중 한 명인 안희정 충남지사의 대연정聯政 화두가 연일 정치권을 뜨겁게 달구고 있다.

안 지사는 "현재 국회의원 의석구조로는 누가 대통령에 당선되든지 여소야대의 불안정 구조일 수밖에 없다. 민주주의의 기본인 대화와 타협을 통해 의회정치를 정상화하고 시대의 개혁과제를 완성시키기 위해 대연정을 제안한다."고 밝혔다.

이에 대해 같은 당 소속의 문재인 후보는 "자유한국당전 새누리당, 바른정당과의 연정은 어렵다. 노무현 대통령 시절에도 실패했다."며 반대의사를 내비쳤다. 같은 당의 또 다른 후보인 이재명 성남시장은 심지어 "청산대상과의 정권운영, 도저히 이해할 수 없다. 역사와 촛불에 대한 배신으로 촛불집회에 나와 사과하라."며 강력히 반대했다.

반면에 같은 당 우상호 원내대표는 "의석수의 안정성을 위해 필요성이 인정된다. 규모나 대상은 아직 모르지만 연정은 불가피하다." 며 긍정적 견해를 내보였다.

한편 자유한국당의 정우택 원내대표는 "개헌이 전제되지 않는 연정 논쟁은 현실성 없고 정치공학으로 비칠 수 있어 정치혼란을 부추길 수 있다."고 반대하는 반면 정진석 전 원내대표는 "안 지사가 제안한 대연정 실험은 열린 구상으로 실효적이다. 내부 비판을 감수하면서도 '열린 연정'의 필요성을 웅변하는 책임 있는 정치인다운 주장이다."라며 찬성하는 입장이다.

또 바른정당의 유승민 후보는 "대연정은 2005년 노무현 대통령 당시 한나라당이 거부했던 것이라며, 대연정 자체에 대한 반대라기보다는 누가 대통령이 되든 여소야대 상황에서 국회와의 협력이 중요한 것."이라며 중도적 입장을 취했다.

같은 당의 후보로 경기도정에서 이미 연정을 실시하고 있는 남경필 경기도지사는 "동의한다. 사실은 지금 경기도에서 하고 있는 일이며 앞으로 해야 할 일이라고 늘 주장해 왔다."라며 가장 분명히 찬성 입장을 밝혔다.

국민의당 박지원 대표는 "협치 변명 말고 대연정 사과하라." 며 안 지사를 성토하며 나섰고, 같은 당 안철수 후보는 "선거 전에 섣불리 연정 이야기가 나오는 것이 우려스럽다. 자유한국당과 바른정당은 박근혜정권 실패에 책임이 있는 세력으로 다음 정권을 꿈꾸면 안 된다."며 반대 입장이지만, 최근 모 방송사의 대선주자 검증프로그램에서 "타당과의 협치는 불가피하다."는 유연한 태도를 보였다.

　이렇게 정당마다 또는 같은 당이라 하더라도 대선주자에 따라 대연정에 대한 입장이 다른 이유는 대선에 대한 셈법과 정치철학이 다른 탓일 것이다. 대선정국을 눈앞에 두고 있는 우리는 지난 날 우리 정치사를 되돌아보고 외국의 경우와 사례들을 살펴보면서 답을 찾아야할 것이다. 군부독재 이후 소위 문민정부라 하던 김영삼 대통령 때부터 김대중·노무현·이명박·박근혜 대통령에 이르기까지 우리는 승자독식의 지배체제와 그에 따른 폐단을 지켜보고 경험해 왔다. 대선에서 승리한 정당 정파는 국가의 모든 권력을 장악하고 전횡을 휘둘렀다. 정권이 바뀔 때마다 선출직이 아닌 관료와 공기관·공기업의 주요보직은 대거 교체되고, 그 과정에서 전문성이 결여된 낙하산인사 시비는 단골 메뉴가 되어왔다. 그러다보니 국가경제와 예산운용에 무리수가 행해져 수 십조 원의 예산이 허망하게 사라져버리는가 하면, 탄탄하던 공기업이 경영부실로 휘청거리는 것을 보아 왔다. 특히 이명박·박근혜 대통령 시절은 임기 내내 같은 당 내부에서조차도 친이·친박 간의 독식과 파벌싸움을 해 진절머리 치며 지켜봐야 했다.

　역사를 통해 조선시대 당쟁의 폐단과 탕평인사의 중요성을 귀에 못 박힐 정도로 듣고 배워온 사람들이 집권만 하면 인의장막을 치고 특정세력만 권력을 휘두르고 승자독식을 되풀이한다.

드높아가는 국민들의 정치의식과는 반대로 정치권은 속 좁은 협량의 정치로 변해가는 것이 작금의 정치현실이다. 그로 인해 정권이 바뀔 때마다 새로운 갈등이 양산되고 국민적 사회적 통합은 멀어져만 간다.

대통령 중임 8년을 마치면서 60% 지지도를 자랑한 오바마 미국대통령은 취임과 동시에 경선 상대였던 힐러리를 국무장관에 앉히는 포용력을 발휘하며 국정을 안정화하고 능력을 중시하는 인사정책을 펼쳤다.

독일통일 이후 최저실업률과 경제호황 및 유로 존 위기의 성공적 관리로 유럽 최강자로 군림하고 있는 독일은 2005년 9월 메르켈이 총리로 취임한 이래 현재까지 12년간에 걸쳐 연정을 통해 정국을 안정적으로 운영해 오고 있다.

이제 우리 국민들은 현재의 5당 체제하에서는 어느 당 후보가 당선되든 연정이 불가피하리라는 것을 알고 있다. 더 이상 인위적인 정계개편, 반대를 위한 반대나 발목잡기식의 여야 대결과 파쟁을 보고 싶지 않아 한다. 화해와 협력, 대화와 타협을 통해 국정과 민생이 안정되고 경제가 회복되어 국민이 마음 편하고 살기 좋은 세상이 오기를 학수고대하고 있음을 정치권은 알아야 한다. 그럴진대 '12년 전 노무현 대통령시절에 실패했으니 안 된다' 라든지 '먼저 헌법을 개정해야 한다'느니 또는 '정치공학적 접근이라 안 된다'느니 하는 평계나 수사로는 더 이상 국민들의 마음을 얻기 어려울 것이다.

국민들은 결코 어리석지 않다. 개헌하기 전이라도 운용의 묘를 살릴 수 있는 연정은 충분히 가능하다. 탄핵정국을 통해 국정농단의 폐해와 혼란을 뼈저리게 겪으면서, 국민들은 향후 대통령 당선자가 특정 정당이나 정파에 휘둘려 국정을 파탄 내는 꼴을 결코 두 번 다시 보고 싶지 않아한다.

상대방을 인정하고, 패자와 반대편도 포용하고 그쪽편의 협력을 이끌어내고 강점도 활용하자는 것이 연정의 기본 정신이다.

대통령이 되면 여야의 협조를 얻어 연립정부를 구성하고 당파에 관계없이 널리 유능한 인재를 등용하여 국정을 효율적으로 운영하겠다는 공약은 대통령후보로서 얼마든지 할 수 있고, 실제 그렇게 되기를 대다수 국민들은 바랄 것이다.

대연정은 실로 그 속에 화해, 포용, 대화, 타협, 협력, 상생, 통합, 총화단결의 거대한 에너지가 녹아있는 용광로라 하겠다.

2017년 2월

경산·자인 단오제 개막을 기다리며

신록의 계절을 맞아 제39회 경산 자인단오제가 6월9일부터 12일까지 4일간 원효대사, 설총선생, 일연선사 3성현이 태어나신 경산 자인 계정숲 일원과 남산 인흥리 삼성현역사공원 일대에서 성대하고 알차게 펼쳐진다.

설날 한식 한가위 등과 함께 우리 겨레의 4대 명절 중 하나인 단오는 1년 중 양기가 가장 왕성하다는 음력 5월 5일로 수릿날이라고도 불렀다. 이때가 농경시대의 중요한 농사일정인 모내기를 거의 마치고 약간 휴식을 취하는 시점이다. 그래서 쑥떡을 해 나눠먹고 창포물에 머리를 감고 그네뛰기, 씨름, 탈춤, 굿판 등 다양하고 흥겨운 민속놀이를 즐겨왔다.

올해 단오제행사는 2014년의 세월호사건과 2015년의 메르스사태로 2년간 중단되었다가 열리는 탓에 시민들과 문화를 사랑하는 이들의 관심과 열기가 더욱 뜨거워지고 있는 것 같다.

　신라시대 이후 자인현 주민들의 지역 수호신인 한장군을 추모하고 주민간의 화합 행사로 전승되어 왔다는 경산-자인단오제는, 행사 구성에서부터 타 지역 단오제를 압도한다. 원효성사 다례제, 일연선사 탄신대제와 가장행렬행사인 호장군 행렬을 필두로 한 장군 대제, 한사당 고유제, 여원무, 단오굿, 팔광대놀이, 계정들소리, 전국농악대축제, 전통의 경산-자인단오 씨름대회, 그네뛰기대회, 민속놀이 체험, 창포 머리감기 체험 등 30여 가지의 체험행사와 자인단오음악제, 국악한마당, 송신제 그리고 어린이들과 학생들을 위한 백일장, 미술대회 등 다채롭고 흥미 있는 행사들이 매년 사나흘 간 펼쳐진다.
　신라시대 때 지역주민을 괴롭히던 왜적을 누이와 함께 섬멸하였다는 한장군을 기리는 여원무(1969년 전국민속경연대회 국무총리상 수상)는 국가중요무형문화재 제44호로 지정되어 있다. 또 대부분 타 지역에서 전래돼오는 5광대놀이와는 달리 자인단오에는 8광대놀이(1988년 문화공보부장관상 수상)가 있다. 1998년 전국민속예술경연대회에서 대통령상을 수상한 계정들소리는 1년 농사를 모찌는 소리, 모심는 소리, 논매는 소리, 보리타작 소리, 들판의 지신 밟는 소리 등 11가지의 소리마당으로 구성하여, 6명 앞소리꾼의 선창과 24명 뒷소리꾼들의 농사시연과 후렴으로 이루어진다. 1998년 대통령상 수상 당시 모두 60~70대의

남녀 노인 여섯 분이 앞소리꾼을 맡았는데, 번갈아 가며 11마당 소리를 구성지게 불러 심사위원들이 공연 끝까지 눈을 떼지 못했다는 일화도 전해진다. 그 후 2005년에 경상북도지정 무형문화재로 등록되었다.

한장군과 그 누이를 모시는 사당이 진량읍 당곡 현내리와 용성면 가척 대종리 그리고 자인면 원당리 등에 5개가 현재까지 남아있다. 한사당 고유제는 올해 당곡리를 제외한 4곳의 사당에서 단오제 행사를 고하는 제사를 지내는 것이다. 이들 사당이 있는 마을에서는 매년 동제 또는 당제라 불리는 제사를 지내고 있는데, 이로 미루어 보아 한장군과 그 누이는 설화 속 인물이 아닌 실존인물이었음을 추측할 수 있다는 것이 학계와 단오보존회 측 주장이다.

호장군 행렬은 단옷날 아침 한사당으로 제사를 지내러 가는 제관들의 가장행렬을 말한다. 신라시대 장산현으로 불렸다는 데서 유래했다는 장산자사명기를 선두로 청룡기, 백호기, 영기, 농기 등 형형색색의 수십 가지 깃발을 앞세우고 호장, 사령, 군노, 풍물패 등 수 많은 인원과 말, 여원화관 등이 참여하여 가두행진을 하는 것인데, 장관을 이룬다. 올해 5월 대구시 동성로에서 개최되었던 '2016컬러풀대구' 축제에서 우수상을 수상했다.

이렇게 뜻깊고 의미 있는 행사에는 먹거리가 빠질 수 없다. 그래서 자인전통시장 주변에는 이름난 한우전문, 국수전문, 돼지찌개전문 등 맛집 식당들이 즐비하다. 돔베기와 간갈치로 유명한 자인전통시장 상인회는 6월8일 자인장날부터 12일까지 5일간 모든 품목의 대할인행사를 갖기 위해 준비가 한창이다. 그 외에도 푸드트럭페스티벌이 계정숲 주차장에서 열려 다양한 음식들을 맛볼 수 있고, 숲 일대 곳곳의 난전에서는 국수와 부추전, 막걸리 등을 즐길 수 있다.

경산시에서는 단오제를 찾는 관광객들을 위해 계정숲 입구 경산시농업기술센터와 삼성현역사공원 주차장에서 셔틀버스를 운행한다.

경산·자인단오제는 앞서 언급한 바와 같이 그 구성내용과 질적인 면에서 최고의 행사로서 손색이 없다. 그 위에 시민들의 적극적인 참여와 질서의식, 쓰레기나 오물 등을 함부로 버리지 않고 깨끗하게 처리하는 공중도덕, 외부 관광객을 배려하는 친절한 시민의식 등이 더해지면 명실상부한 전국 으뜸 단오제로 발전할 것이다.

또한 많은 예산이 소요되고 수많은 인원이 동원되는 행사인 만큼 경산시와 행사를 주관하는 단오보존회 측은 많은 시민들과 관광객들이 함께 즐길 수 있도록 다양한 미디어를 통한 홍보를 적극적으로 해주기를 바란다.

나아가 뜨거운 관심을 가진 시민여러분들의 SNS를 통한 홍보도 기대해 본다.

그리고 전국에 나가있는 출향인사들이 애향심과 문화적 자긍심을 가지도록 그들에게도 적극 알리고 초청한다면 금상첨화일 것이다.

 더운 날씨에 구슬땀을 흘리며 행사준비에 여념이 없는 모든 참가자 및 관계자, 단오제보존회원 그리고 경산시청 담당자 분들의 노고에 격려의 박수를 보낸다.

2016년 5월

2017 선택,
화합과
상생의 시대로

    2017년 3월10일 헌법재판소는 재판부 전원일치로 대통령 박근혜의 탄핵을 인용결정하고 파면판결을 내렸다.
    국회가 지난 해 12월9일 국회의원 234명의 찬성으로 대통령을 탄핵소추한 지 3개월만이다. 이로써 우리 국민은 사상 처음으로 현직 대통령 파면이라는 불행한 역사를 가지게 되었다. 대통령 개인으로서도 심히 가슴 아프고 수치스러울 것이다. 3월12일 박 전 대통령은 승복의 대국민 메시지도 없이 청와대에서 나와 과거에 살던 사저로 돌아갔다.
    그 결과 올해 12월 예정이던 대통령선거는 60일 이내에 즉, 5월10일 이전에 치러지게 됐다.
    외신들은 '피 없는 쿠테타' 혹은 '유연하고 역동적인 한국사회' 등 대부분 긍정적인 평가를 내리고 있다.

역사를 돌이켜 보면 초대 이승만 대통령부터 윤보선·박정희·전두환·노태우 대통령까지는 '독재에 항거한 민주투쟁의 시대'였다. 물론 그중 1987년 6월 항쟁의 결과로 만들어진 현행 헌법에 의해 그해 12월에 치러진 대선에서 노태우 대통령이 당선되었지만, 이전 40년 독재정권의 연장선상에 있었다 해도 과언이 아니다. 이 시대 동안 우리나라와 국민은 산업화를 통해 상당한 경제성장을 이룩해 냈다. 그 후 김영삼 대통령을 거쳐 김대중·노무현·이명박·박근혜 대통령에 이르기까지는 논자에 따라 다를 수 있겠지만 민주화가 어느 정도 정착되고, '권위주의와 탈권위가 대립한 시대'라 할 수 있을 것이다.

한편 1997년 말 IMF사태를 겪으면서 사회전반에 걸쳐 거품이 빠지고 경제적으로는 체력이 다져지는 계기가 되었다.

반면에 비용절감을 꾀하는 기업과 무책임하고 부정이익을 노리던 정치권과 정부의 방조로 비정규직이 엄청나게 양산된 시기이기도 했다.

국민의 민주항쟁으로 생겨난 87년 헌법체제 하의 5년 단임제 대통령은, 형식상 행정부 수반이지만 실질적으로는 입법·사법·행정의 3권 위에 군림하여 제왕적 권력을 행사할 수 있었다. 물론 어느 대통령이 완전히 탈권위의 대명사처럼 행동했고 또 누가 제왕의 권력을 휘둘렀는지 국민들은 다 보았다.

박근혜 정부 4년은 대통령만 있었고 국회는 없었다. 국무회의는 '받아쓰기'회의였고 장관들이나 장관급 수석비서는 물론 여당 대표조차 임기 중 대통령 대면보고를 거의 못했다. 컴퓨터와 스

마트폰이 극히 발달한 세상에 대면보고가 무슨 필요가 있냐는 대통령 밑에서 장관직이나 국회의원직은 놀고먹는 자리였다. 그러다 보니 세월호 사태나 메르스 사태 때 국가의 위기관리능력은 거의 제로 수준에 가까웠다. 그리고 그 틈에 사욕에 눈먼 최순실이 대통령을 등에 업고 그들을 조종하여 기업의 등을 치고, 기업은 대가를 챙기는 등 국정전반을 농단하여 파탄에 이르게 하였다. 그 많은 장관들이나 실세 국회의원들 그리고 청와대 비서실장을 비롯한 장관급 비서들은 최순실의 전횡을 애써 모른 채 하거나 방조하며 권력의 단맛을 즐겼다.

어쨌든 우리는 2달 내에 새 대통령을 선출해야만 한다. 이제는 더 이상 잘못을 되풀이할 수 없다. 새로이 선출되는 대통령은 국회와 함께 개헌을 통해 새로운 헌법체제를 마련하고 모두가 상생하는 새 시대를 열어야 한다. 촛불집회와 탄핵반대집회로 어지러워진 민심과 사회적 갈등을 수습하고 통합하여 국민들에게 새 희망을 선사해야 한다. 승자독식이 아니라 패자도 포용하고 그 쪽에서도 유능한 인재를 발탁하고 등용하여 국가역량을 극대화할 상생의 제도를 만들고 실행해야 한다. 그런 차원에서 2원집정부제나 내각제에 대한 국민적 논의와 검토를 할 때다. 그리고 중앙정부에 집중된 권한을 지방정부로 대폭 이양하는 지방분권 개헌을 해야 한다.

지방자치제가 부활 실시된 지 4반세기가 지나 국민들은 좋은 변화를 많이 체감하고 있다. 하지만 국가예산은 아직도 중앙과 지방 대비 79:21의 비율로, 또 주요 인사권은 거의 중앙에 편중되어 절름발이 지방자치제에 머물고 있다. 이를 6:4 또는 4:6 수준으로 지방정부에 이양하면 지방이 살아나고 엄청난 변화와 발전이 진행될 것이다.

우리는 이제 대립과 투쟁이 아니라 화해와 포용, 대화와 타협, 상생과 협력 그리고 국민총화를 이끌어 낼 새 체제를 마련하고 구축해야 한다. 새 리더십과 새로운 체제로 지난 날 실정으로 인해 닥쳐오는 경제위기 등을 극복해야 한다. 특히 심각한 저출산·고령화 문제, 청년 취업난과 일자리 창출, 비정규직의 정규직화, 하도급문제, 빈부격차 해소, 농어촌 문제, 영유아 보육 및 교육입시제도 개선 등 그간에 산적해 있는 국가적 과제들을 풀어나가야 한다. 이를 위해 새 대통령은 중앙정부의 각 부처, 공공기관, 지방정부 및 모든 공·사 조직, 각자의 자율성과 전문성을 존중하고 인정해 주어 국민총에너지를 증대시키고 또 발휘하게 하는 지휘자 또는 조정자의 역할을 해야 한다. 각자의 가치를 존중하고, 패자도 포용하고 인정할 때에 비로소 대화와 타협이 시작되고 상생협력이 이루어지는 것이다.

짧은 기간 내에 매의 눈으로 살펴, 상생의 새 시대를 열어갈 참되고 유능한 재목을 현명하게 선택해야 하는 것은 우리 국민의 권리이자 의무이다.

2017년 3월

제2부

누가 촛불 든 국민들을
　　거리로 내모는가

이제 소통과 참여, 절제로 보여준 성숙한 시민의식에 맞게 남은 후속 일들이 순조로이 마무리되어야 한다.〈중략〉 그래야만 놀랍도록 아름다운 시민에 의한 명예혁명이 공정한 대한민국, 공정한 사회 건설이라는 최종 목적지에 도달하고 또 완성될 것이다. 〈중략〉
　그것이 바로 횃불로 변한 촛불이 쉬이 꺼지거나 사그러들지 않고 계속 진행되어야 하는 이유다.
　그 어느 누구도 노도와 같은 민심을 짓밟거나 거스를 수 없다.

　　　　　　　　「명예혁명은 계속되어야 한다」 중에서

대통령께 드리는 고언

군부독재 시절 이후 4반세기 우리의 정치사

2015년 새해가 밝아오면서 박근혜 대통령은 집권 3년차를 맞는다.

군부독재 시절 이후 역대 대통령들을 되돌아보면 평생 반독재 민주화 투쟁에 앞장섰던 김영삼·김대중 대통령, 인권변호사 출신으로 지역구도 타파에 앞장선 불굴의지의 노무현 대통령, 기업체 사원으로 출발하여 그룹회장의 성공신화를 쓰고 민선 서울시장을 역임했던 이명박 대통령, 그리고 원칙의 정치를 부르짖으며 사상 처음 부녀 대통령에 오른 현 박 대통령에 이르기까지 우리는 5인의 대통령을 선출하였다.

그 동안 우리나라는 세계가 인정하는 경제발전과 더불어 국내외적으로 사회 문화 체육 등 거의 모든 분야에 걸쳐 괄목할 만한 성장을 이루어냈다. 독창성, 과학성, 실용성에다 예술성까지 세계에서 으뜸으로 인정받는 한글을 비롯하여 조상들이 물려준 문화예술 유산은 이제 우리 국민의 긍지요 자랑이 되어왔다. 거기에다 세계시장에서 한류로 우뚝 선 젊은 예술인들의 재능, 삼성전자·현대자동차·포스코를 필두로 세계 일류를 다투는 기술력, 은근과 끈기 그리고 높은 교육수준을 바탕으로 국민의 추진력과 성취력 등 거의 대부분 분야에서 남부러울 것 없는 수준에 이르렀다. 남북분단 상황과 후진성을 면치 못하는 정치 분야를 빼고는······.

눈 뜨고, 귀 열고,
혜안과 분별력 잃지 않아야

왜 지난 날 우리 대통령들은 임기 초기엔 높은 지지율을 기록하다가 후반에는 온갖 욕을 먹고 지지율이 바닥으로 곤두박질치고 급기야는 아들이나 형제들을 감옥에 보내는 일을 되풀이 할까?

대통령 개인의 문제인가, 제도상의 문제인가?

아니면 우리 국민성의 문제인가?

대통령에 당선되고 나면 권력의 단맛에 취해 장님이 되고 귀머거리가 되고 바보에다 고집쟁이가 되고 마는 것은 아닐까?

권력의 속성상 아부와 시기, 질투는 동전의 양면처럼 따라붙게 마련이다. 그래서 대통령의 자리에 있으면, 아부와 아첨을

물리치고 고언과 충언을 구별하여 받아들일 혜안과 분별력을 잃지 않아야 한다. 구중궁궐에 갇혀 비서들의 아첨 섞인 보고만 가까이 하고 자기만 옳다는 자만에 빠져 듣기 싫은 말이나 보기 싫은 일은 애써 귀 막고 외면하지는 않았는지 뼈아프게 자문해야 한다.

옛날 현명했던 임금들은 신하들 몰래 백성들의 삶을 살피러 미복순시를 했다. 지금은 굳이 그럴 필요도 없다. 마음만 먹으면 휴대폰 하나 컴퓨터 한 대만 있으면 세상 모든 소식을 듣고 또 들여다 볼 수 있다. 찾으려고 맘만 먹으면 당파와 관계없는 각계 전문가나 현자들도 얼마든지 불러 모을 수 있다.

고언에 귀 기울여 주시길

이제 임기 중반에 드는 박 대통령에게 이 나라와 국민을 위해 감히 다시 한 번 고언을 드리고자 한다.

- 아부나 아첨과 당파에 휘둘리지 말고 국민만 보고 정치하십시오.
- 반대파도 끌어안는 포용력을 보여주세요.
- 많은 업적 쌓겠다는 생각을 말고 후보시절에 내걸었던 공약들을 실행하십시오. 그 공약들은 충분한 논의를 거쳐 만들어졌고 국민들로부터 지지와 검증을 거쳤으니까요. 지금은 내팽개쳐졌지만 경제민주화, 기초선거 무공천, 4대 중증질환자 의료복지 확대 등 모두가 우수하고 아름다운 공약이었습니다.

• 더 이상 인사실패를 되풀이하지 마십시오. 국민들은 대통령의 고집을 더 이상 보고만 있지 않을 테니까요.

• 세월호 사태로 드러난 총체적이고 구조적인 부조리·부패를 과감히 척결하십시오. 시간을 더 늦추면 모든 기회는 사라지고 무능한 대통령으로 낙인찍힐 겁니다.

• 대통령의 눈귀를 가리는 비서진들을 대폭 갈아 치우세요. 충직하고 지혜로운 사람들은 얼마든지 있습니다. 잘 찾아 등용하세요. 약간의 불편함 후에는 훨씬 나은 보좌를 받을 수 있을 겁니다.

• 혼자 모든 것을 다 하려 하지 마십시오. 애써 발탁한 유능한 내각진과 우수한 공직자 집단이 있지 않습니까. 왜 그들을 허수아비나 꿔다놓은 보릿자루로 만듭니까. 선거에 이긴 것이지 전지전능자가 된 것이 아니지 않습니까.

• 항상 자만하지 말고 겸손하십시오.

• 입법부와 사법부를 존중하고 그들에게 간섭하려 하지 마십시오. 지금 항간에선 대통령께서 3부 위에서 마치 제왕처럼 행동하고 책임은 모두 남의 탓으로 돌리고 있다고들 합니다. 마지막으로 드리는 부탁입니다.

• 우리 헌법 1조를 한시도 잊지 말고 늘 입에 달고 사십시오. "대한민국은 민주공화국이다. 대한민국의 주권은 국민에게 있고, 모든 권력은 국민으로부터 나온다."

그러면 모든 참모나 공직자들이 뒤따라 솔선수범할 것입니다.

2014년 12월

국가와 '개인',
대한민국과 '나'

　대한민국 헌법 제1조 ①항은 '대한민국은 민주공화국이다'라고 하여 우리나라의 정체성을 밝히고 있다. 동 ②항은 '대한민국의 주권은 국민에게 있고, 모든 권력은 국민으로부터 나온다'라 하여 나라의 주인은 국민이며, 국가 모든 권력의 근원이자 주체는 국민임을 분명히 규정하고 있다.

　공무원윤리헌장은 '이 생명은 오직 나라를 위하여 있고, 이 몸은 영원히 겨레 위해 봉사한다'라고 규정하며, 대다수 공직자는 스스로 '국민의 봉사자요 공복公僕'임을 기본 신조이자 정신으로 여기고 있다.

　우리 역사를 되돌아보면 배달조상이 백두산 아래에서 신시를 연 이래 수 천 년의 왕조시대와 40여 년의 일제강점기를 거쳐, 1945년 8·15 해방과 1948년 5·10 총선거로 독립국가로 재탄생해 정치, 경제, 사회, 문화 등 제반 분야에서 총체적으로 성장 발전하면서 오늘에 이르고 있다.

한편 1948년부터 지금에 이르기까지 66년 동안 2012년 4월 제19대 국회의원선거와 2012년 12월 제18대 대통령선거까지 우리는 십여 차례 대통령 선거와 국회의원 선거를 치렀다. 그리고 지난 2014년 6월 4일로 열 번째의 지방선거(1952년부터 지방자치제를 실시했으나 1961년 5·16 군사 쿠데타로 중단, 1991년 부활 실시)를 겪었다.

1948년 제헌국회에서 간선으로 임기 4년의 초대 대통령에 선출된 이승만 대통령은 불법으로 개정한 헌법에 따라 1952년에 직선제로 2대 대통령, 1954년의 3선 제한을 철폐한 소위 '4사5입' 개헌으로 1956년에 3대 대통령에 취임하였다. 그러나 집권연장을 꾀한 1960년 3월15일 부정선거로 시민 학생들에 의한 4·19 혁명이 일어났고 이로 인해 하야하였다.

동년 8월 5대 국회에서 간선으로 선출된 제4대 윤보선 대통령은 다음 해인 1961년 5월 16일 군사쿠데타로 쫓겨나고 국회와 지방의회까지 해산되는 아픔을 겪었다.

1961년 군사쿠데타로 권력을 잡은 박정희는 군사혁명위원회를 개칭한 국가재건최고회의에서 불법으로 개정하고 국민투표로 확정한 헌법에 따라 1963년 9월 직선제로 제5대 대통령에 선출되었다. 뒤이어 1967년 3월 제6대 대통령, 1971년 4월 제7대 대통령에 당선되었으나, 장기집권을 노려 1972년 10월 17일 소위 '10

월 유신'을 단행하여 다시 국회를 해산하였다. 국회 권능을 불법으로 대신한 비상국무회의에서 의결하고 국민투표로 확정한 유신헌법에 의거 그해 12월 대통령선출기구인 통일주체국민회의에서 간선으로 임기 6년의 제8대 대통령에 선출되고, 1978년 7월에 다시 제9대 대통령으로 선출되었다.

그러나 박정희 대통령은 1979년 10월 26일 자신의 심복이었던 당시 중앙정보부장현 국정원장에 해당 김재규에게 저격 살해됨으로써 18년간의 박정희시대는 막을 내렸다.

그해 12월 초 통일주체국민회의에서 제10대 최규하 대통령이 선출되었다.

그러나 며칠 후인 12월12일 당시 합동수사본부장이었던 전두환 보안사령관이, 박정희 대통령 살해사건을 수사한다는 명분으로 직속상관이던 정승화 계엄사령관을 강제 연행 구속하고 권력을 잡아소위 12·12사건 이듬해인 1980년 8월 통일주체국민회의에서 제11대 대통령으로 선출되었다. 그 후 전두환 대통령은 국가보위비상대책위원회를 통해 불법으로 개정하고 국민투표로 확정한 헌법으로 대통령선출기구인 대통령선거인단을 만들고 1981년 2월 15일 그 기구를 통해 간선으로 임기 7년의 제12대 대통령에 올랐다.

1987년 학생과 시민들에 의한 6·10항쟁에 굴복한 전두환 군부정권이 헌법을 개정하여 다시 직선제로 바뀐 선거에서 당선된 노태우 대통령은 1988년 2월 임기 5년의 제13대 대통령에 취임하였다.

그 후 1993년 2월 제14대 김영삼 대통령, 1998년 2월 제15대 김대중 대통령, 2003년 2월 제16대 노무현 대통령, 2008년 2월 제17대 이명박 대통령에 이어 2013년 2월 제18대 박근혜 대통령이 취임하여 현재에 이르고 있다.

이렇듯 우리나라 헌정사 및 민주주의 역사는 독재와 부정선거, 군사쿠데타 등으로 인한 불법개헌으로 수차례의 굴곡과 수난을 겪어왔다.

그 와중에 헌법 제1조에 명시된 주권자로서의 국민과 국민의 손에 의해 선출된 심부름꾼, 즉 머슴인 대통령·국회의원·지방자치단체장 등과의 관계가 당선만 되면 뒤바뀌는 것으로 은연중 뿌리 깊게 인식되어왔다. 선거 당시에는 머슴이요 대변자라 자처하던 이들이 당선만 되면 권력자의 신분으로 바뀌어 행세해왔고, 우리 국민들은 그렇게 인정할 수밖에 없도록 수 십 년 동안 길들여져 왔다.

특히 불법으로 권력을 잡아 대통령에 오른 이들은 무소불위의 권력을 휘둘렀고, 국민들은 그들의 서슬 퍼런 위세에 눌려 숨죽여 살아야 했다. 거기에다 그들이 저지르는 불법을 합법화 시켜주는 도구요 들러리 신분으로 전락하기 까지 했다.

2012년 12월 대선 당시 박근혜 대통령후보와 새누리당 국회의원들은 국민들의 변화된 주인의식 앞에 자신들의 자세를 낮췄다.

선거기간 내내 한치 앞을 알 수 없는 상황에서 그들은 기초단체장 무공천, 경제민주화, 4대 중증질환자 의료보장, 기초노령연금지급 및 나아가 국회의원의 특권을 내려놓겠다고 공약을 내걸고 수없이 읊조렸다. 심지어 국회의원 세비까지 삭감하겠다고 약속했다. 그리하여 그 공약을 믿은 국민들의 선택으로 박근혜 후보가 힘겹게 당선이 되었다.

지금 그 공약들은 어떻게 되었는가.
정치, 경제, 복지부문의 4대 공약을 비롯한 민생 주요 공약들이 모조리 없던 일들이 되거나 너덜너덜한 휴지조각이 되어버렸다. 경제민주화를 주창했던 참모는 대통령을 떠나고, 복지부장관은 교체되었다. 새누리당 국회의원들은 꿀 먹은 벙어리가 되었다.

더구나 6·4 지방선거 한 달여 전 2014년 4월 16일 세월호 참사가 발생하였다. '관피아'로 불리는 부패한 국가기관과 유착하고 종교를 빙자한 타락한 자본과 그들의 인면수심, 최소한의 양심도 저버린 비겁하고 무책임한 행위로 인해 일어난 인재다. 거기에다 국정 최고책임자인 대통령과 정부를 비롯한 해당 책임기관의 무능과 무기력한 대응이 보태져 꽃다운 240여 명의 학생들을 비롯한 총 292명의 희생자를 내고 말았다. 이에 더하여 사고 66일이 지난 현재까지 12명의 실종자도 찾지 못하고 있다.
살아오면서 '국가와 개인', '국가와 나'의 문제가 이번 일처럼 가슴을 저미는 때가 없었던 것 같다. 국민의 생명과 재산을 보호하는 것이 바로 국가가 존재하는 이유 아니던가. 우리는 세월호 침몰사고와 그 수습 및 처리과정을 지켜보면서 과연 무엇을 느끼고, 무엇을 가슴 아파하고 있는가.

사고가 바로 '나' 자신에게 일어났어도 아무런 실질적인 대응을 못할 것 같은 국가기관과 그를 어쩌지 못할 '나' 자신의 무력감이 '나'를 너무 아프게 한다. 가슴을 무겁게 짓누르는 것 같은 이 고통은 '나' 혼자만의 것이 아니다. 전 국민의 우울증상이라고 한다.

이런 악재들에도 불구하고 여당인 새누리당은 과거 집권당들과는 달리 이번 6·4 지방선거에서 별로 지지 않았다. 오히려 선방하였다는 평이다.

그런데 지방선거를 마치고 박근혜 대통령은 문제의 근원을 '70년 적폐의 탓'으로 진단하고 '국가 대개조'를 천명했던 세월호 참사사건의 총체적 책임을 물어 국무총리를 물러나게 하고, 후임으로 일제 식민지배를 하나님의 뜻이라 했던 문창극을 인선하여 전 국민적인 공분을 불러일으키고 있다.

도대체 무엇이 문제인가.

주인에게 문제가 있는가, 머슴에게 문제가 있는가?

아니면 선거 전략과 지역구도의 문제인가?

그도 아니면 선거제도상에 문제가 있는가?

이 나라 대한민국의 주권자요 주인으로서 우리 국민은 주인행세를 제대로 하고 있는 것일까?

2014년 6월

명예혁명은
계속 되어야 한다
누가 민의를 짓밟으려 하는가

촛불이 횃불 되어 이룬 쾌거

국민들의 염원이 촛불 되고 촛불이 횃불 되어 이룬 쾌거에 세계도 놀라고 우리 국민 스스로도 놀랐다. 아마 하늘도 땅도 놀랐을 것이다. 더욱 놀라운 것은 여기서 끝난 게 아니라 계속 진행되고 있다는 사실이다. 공정한 대한민국 건설이라는 아름다운 최종 목적지를 향해 계속 가고 있다.

세계 역사 어디에서도 수백만 명이 수개월에 걸쳐 '피 흘리지 않는 비폭력 시민혁명'을 일궈낸 사례를 찾아볼 수 없다. 역사상 유명한 영국의 명예혁명도 이렇게 대규모로 장기간 진행된 것은 아니었다. 6차 촛불집회는 사상 유례 없이 전국적으로 232만 명의 참가인원을 기록했다.

드디어 2016년 12월 9일 대한민국 국회는 촛불민심을 받들어 박근혜 대통령 탄핵안을 234표78%의 찬성으로 가결시켰다. 박근혜&최순실 국정농단사태의 최종 책임이 대통령 박근혜에 있음을 확인한 것이다. 대통령이 탄핵되어야 한다는 80%의 국민여론에 근접 부합한 수치다. 탄핵 가결 이후의 지난 주말도 100만이 넘는 시민들이 촛불을 들었다.

혹자들은 이를 두고 '광장정치'니 '직접 민주주의'니 '집단지성'이니 하는 이름을 붙인다. 아무려면 어떠랴. 민심을 담아내고 잘 마무리하여 국민을 편안하게 하고 국정을 바로 세우고 경제를 되살리는 새로운 사회체제 구축으로 연결될 것인가가 중요하다.

이제 공은 헌법재판소로 넘어갔다.

헌법재판소는 과거와 달리 대통령에게 '7일 이내에 답변서를 제출하라' 했다. 그만큼 민심을 무겁게 받아들인다는 뜻일 게다.

촛불로 나타난 민심은 해방 이후 70년 헌정사에서 독재와 민주화, 산업화를 거쳐 작금에 이르는 동안 정치·경제· 사회 곳곳에 켜켜이 쌓여온 구악을 청산하고 새로운 대한민국, 공정한 사회를 건설하라는 국민적 요구다. 일찍이 프랑스 혁명에서도 소위 '앙시엥 레짐ancien regime 구체제'이 타도되고 붕괴가 일어나지 않았던가.

이번 박근혜&최순실 게이트는 정치·경제·교육·문화 체육 등 우리 사회 전반에 걸쳐 기득권을 향유해온 세력들이 그 기득권을 지키기 위해 얼마나 더 많은 잘못을 저질러 왔는지 적나라

하게 보여준 대사건이다.

자기들이 앞장서 세운 대통령이 권력을 독점하고 사유화하여 말도 안 되는 갖은 만행을 저지르게 방조하고, 자기들도 단물 빨아먹어온 집권여당 새누리당의 일부 세력들, 국민들의 노후대비를 위해 피땀으로 모아둔 국민연금 5천900억 원의 손실을 끼치고 수조 원의 이득을 취한 삼성을 비롯하여 면세점 등 갖은 혜택을 누린 재벌기업들, 일신상 안위를 위해 고개 숙이고 '아니오'란 말을 못하였을 뿐만 아니라 부화뇌동한 비겁한 장·차관들, '능력 없는 부모 탓하라'며 학생들과 학부모들의 가슴에 대못질을 한 철부지 망나니의 학사과정을 엉터리로 조작한 교육계 종사자들 등 가히 총체적 부정부패가 드러난 사태이다.

이를 보다 못해 들고 일어난 국민들의 비폭력 저항은 차라리 아름답고 경이롭기까지 하다. 그리고 무엇보다 희망적이고 고무적인 것은 90년대 이후 팍팍해진 삶과 취업난으로 인해 정치에 무관심하고 냉소적이었던 젊은 청년들이 촛불시위에 적극 동참하고 나섰다는 것이다.

한 지인은 이렇게 말한다.

"젊은이들이 나서면 세상이 바뀐다. 역사가 이를 증명해 왔다."라고.

이번 사태를 통해 우리 국민들이 위기를 기회로 만드는 지혜를 가졌음을 새삼 알게 되었다. 국민들은 그 억장 무너지는 상황 하에서도 냉정함을 유지한 채 아니 오히려 그 상황을 축제의 장으로 승화시켰다. 170만 명이 넘게 운집한 광화문에서나 부산

・대구・광주・대전・인천・제주 등을 포함 전국 중소도시 심지어 한국인이 있는 세계 도처에서도 만민공동회 같은 시국토론의 장과 신명나는 춤과 노래판을 연출한 것이다. 그러니 가히 세계가 놀랄 수밖에 없었을 것이다.

탄핵후속 조치 순조롭게 이루어져야

박근혜 디스카운트에서 대한민국 국민 프리미엄으로 우리를 대하는 눈이 달라지는 중이란다.

하지만 이것이 전부가 되어서는 안 된다. 이제 소통과 참여, 절제로 보여준 성숙한 시민의식에 맞게 남은 후속 일들이 순조로이 마무리되어야 한다. 그런 연후에 국민들은 다시 일상으로 돌아갈 것이다. 헌법재판소의 탄핵인용 결정, 정계 개편과 대통령선거, 재벌을 포함한 사회 제반의 개혁과 경제회복 그리고 새 헌법 준비 등의 후속 절차와 조치들이 뒤이어 순조롭게 이루어져야 한다. 그래야만 놀랍도록 아름다운 시민에 의한 명예혁명이 공정한 대한민국, 공정한 사회 건설이라는 최종 목적지에 도달하고 또 완성될 것이다.

그 과정에서 기득권을 지키려는 무리들의 저항 역시 만만치 않을 수 있다. 그것이 바로 횃불로 변한 촛불이 쉬이 꺼지거나 사그라들지 않고 계속 진행되어야 하는 이유다. 그 어느 누구도 노도와 같은 민심을 짓밟거나 거스를 수 없다.

2016년 12월

누가 촛불 든 국민들을
거리로 내모는가
반성하지 않는 자들

2016년 한 해가 저물어 간다.

올 겨울은 국민들의 가슴에 어떻게 기억될까? 아마도 촛불로 기억되지 않을까 싶다. 그 촛불은 따뜻함이요 민심이요 정의이자 국민주권 회복의 촛불일 게다.

국민들은 그를 대통령으로 뽑아 헌법을 준수하고 국민의 생명과 재산을 지켜 달라고 행정수반뿐만 아니라 통치자로서의 권력을 위임해 주었다.

그러나 대통령 박근혜는 청와대의 장관급들을 비롯한 그 많은 비서들과 국무회의와 심지어 그를 대통령으로 만든 일백수십 명의 새누리당 국회의원들까지, 아니 거의 모든 공조직 공기관의 보좌진들을 꼭두각시로 만들어버렸다. 최순실 등 능력 없고 사욕에 눈 먼 엉터리 사인들에게 권력을 휘두르게 하여 국가운영을 파탄에 이르게 해왔다.

그들이 저지른 국정농단과 파탄의 폐해는 여기저기에서 드러나고 있는데, 그 피해는 고스란히 국민들이 부담해야 한다. 그 중에서도 가장 우려스러운 것은 그 폐해가 국민경제에 불똥이 튀지 않아야 하는 것인데, 유감스럽게도 이미 그런 조짐이 일어나고 있다.

그들의 국정농단에 소신 있고 할 말 하는 공직자들은 갖은 술수에 의해 수없이 찍혀 나갔다. 윤석열, 김영한, 유진룡, 채동욱, 노태강, 진재수, 박관천, 조웅천, 권은희, 진 영 , 유승민 그리고 이석수 특별감찰관을 비롯한 감찰관실 소속직원 전원 등 얼른 꼽아도 이 정도다. 그들 중에는 현명한 주권자인 국민에 의해 국회의원으로 부활한 이들도 있다.

대통령 주변은 아첨하는 자들과 복지부동하는 자들로만 채워졌다. 그 결과 박근혜 정부 4년간 국회는 존재감이 없었고 국무회의는 눈치 보는 수첩메모회의로 전락했으며, 재벌들은 자기 재산을 지키거나 증식하느라 검은 돈을 대며 맞장구 쳐주었다. 이를 지켜보던 국민은 망연자실할 수밖에 없었다.

그리하여 2016년 10월29일부터 시작된 촛불민심. 그렇게 불을 밝히기 시작한 촛불은 겨울 추위에도 불구하고 토요일마다 타올라 성탄이브인 지난 24일까지 총 9차에 걸쳐 전국적으로 이어졌다. 지금까지 참가한 연인원이 약 900만 명 정도. 올해 마지막 날인 31일에도 그 후에도 국정이 정상화될 때까지 계속될 거라고 한다. 그러던 중 대통령 탄핵안이 국회에서 가결되고 국정조사 청문회도 진행되고 있다.

해외 언론들은 한국의 대규모 촛불시위가 장기적이고 평화적으로 진행되는 것을 극찬하며 경이로운 것으로 보도하고 있다. 아마도 인류 역사상 최대 최고의 민주평화시위로 더 나아가 촛불혁명으로 세계사에 기록될 것이다.

국민들의 이와 같은 강력하고 간절한 외침에도 불구하고 반성은커녕 잘못을 인정하지 않으려는 자들이 너무도 많다. 대통령 박근혜, 1인자 최순실, 비서실장 김기춘, 민정수석 우병우, 친박8적으로 대표되는 새누리당 친박핵심세력들, 세월호 사태 진상조사를 방해하는 세력들, 특혜부정입학 시키고도 아니라고 뻔뻔하게 우기는 대학 교수들 등 그들은 검찰수사를 요리조리 피하고 국회청문회 마저도 비웃고 조롱하며 무기력화 시키고 있는 실정이다. 그러니 국민들은 더욱 분통터지고 촛불은 더욱 불타올라 횃불로 변했다. 저 민심횃불이 아니면 저들의 뻔뻔한 작태를 그 누가 말릴 수 있단 말인가.

특검은 2016년 12월28일 드디어 재벌그룹 삼성에 수조 원의 이익을 안긴 반면 국민들의 노후대비자금인 국민연금을 자그마치 5천900억 원이나 손실을 끼친 문형표 전 보건복지부장관을 긴급체포했다. 또한 관련 국장급 2명 등 구석구석에서 본분을 망각하고 국민가슴에 대못질을 한 '영혼 없는 공무원'들을 찾아

내어 처벌할 방침이다.

특검의 계속되는 엄정한 수사와 헌법재판소의 현명한 판단 만이 국민들의 울화를 삭혀주고, 한파 속에서도 조용하고 뜨겁게 타오르는 촛불의 분노를 멈추게 할 수 있을 것이다. 기다려 보자. 우리들 가슴에도 추운 겨울이 지나면 따뜻한 봄날이 올 것이다. 자연의 섭리처럼.

2016년 12월

국경일과 역사교육

7월 17일은 제헌절이었다. 그리고 오는 8월15일은 70주년을 맞는 광복절이다.

1592년의 임진왜란 이후 조선은 약 300여 년에 걸쳐 동인·서인, 남인·북인, 노론·소론 등의 당파싸움으로 나라가 점차 기울고 관리들의 가렴주구와 학정으로 백성들의 삶은 피폐해질 대로 피폐하였다. 19세기말 꺼져가던 조선은 개화사상을 가진 관료들과 깨친 백성들의 실낱같은 자주권회복운동으로 1898년 대한제국을 수립하였다.

그러나 제국수립의 주축이었고 입헌대의立憲代議군주제를 주장하던 개화파가 러시아·일본과 그들 외세를 등에 업고 전제專制군주제를 주장하던 수구파의 음모로 축출되고, 대한제국은 열강의 압력과 그에 굴복한 수구파들의 매국행위로 어업권, 광산채

굴권 군사기지조차권 등 국권을 빼앗겼다. 급기야 1905년 일본의 강압적인 을사늑약으로 외교상의 주권 강탈, 1907년 군대 강제해산 그리고 1910년 합병으로 조선에 이은 대한제국은 1392년 개국 이래 518년의 역사를 마감하고 일본에 의해 망하였다. 일제강점기동안 우리 민족은 일본에게 위안부 강제동원과 강제징용, 쌀·광물·삼림 등 식량과 군수물자와 각종 문화재 수탈, 우리말과 글 말살 등 이루 말할 수 없는 처참한 식민 지배를 당하였다.

40년의 치욕적인 압박과 설움 속에서도 김구 선생을 비롯한 우리민족지도자들은 상해에 임시정부를 수립하고 국내외에서 광복군을 조직하여 끊임없는 항일투쟁을 계속하였다. 연합군의 참여로 2차 대전에서 패배한 일본의 무조건항복 선언으로 1945년 8월15일 드디어 우리는 광복을 맞이하였다.

해방이후 우리 민족의 거센 반대에도 불구하고 남북한 각각 3년간 미국과 소련의 신탁통치를 거쳐, 1948년 5월10일 남한만의 총선거를 통해 제헌制憲국회가 탄생하였다. 제헌국회는 동년 7월 17일, 당시 삼천만 우리 국민이 억만 년 동안 한결같이 지켜야할 기본법인 헌법을 제정 공포하였다. 이로써 이 땅에서 전제왕정이 사라지고 헌법 제1조 ①항이 명시한 헌법에 기초한 민주공화국이 탄생하게 되었으니, 이것이 제헌절의 의미요 의의이다.

그런데 요즈음 초중학생뿐 아니라 심지어 고등학생까지도 우리나라 국경일의 참된 의미를 잘 모른다고 한다. 또 고등학생의

69%가 6·25전쟁을 북침으로 잘못 이해하고, 일본 전쟁범들을 기리는 야스쿠니 신사神社의 '신사'를 젠틀맨gentlemen으로 안다는 어처구니없는 얘기도 들린다.

그 원인은 여러 가지 있겠지만, 우선 교육당국과 일선 학교 교사들의 책임이 크다. 언제부터인지 정확하지 않지만 각 학교에서 국경일 기념행사가 슬그머니 없어져버리고 한국사도 필수과목에서 제외되었다. 기념행사를 하지 않으니 교사들도 굳이 그 기념노래들과 의미도 잘 가르치지 않는 모양이다. 예전에는 국경일 당일 또는 전날 학교에서 반드시 기념행사를 하였고, 그전에 각 반에서는 선생님들로부터 기념노래를 다 배웠다.

가만히 음미해보면 3·1절, 현충일, 제헌절, 광복절 그리고 개천절 기념노래들이 하나같이 모두 장중하거나 아름답고 의미가 깊다.

혹자는 이렇게 말한다. "우리나라 현대사를 이해하는 데 있어서 국경일은 그 자체가 살아 숨 쉬는 역사의 증언이요, 소중한 기록물이다."

서울의 한 고등학교에서는 교사들이 역사교육의 중요성을 인식하고 학생들에게 재미있고 치열하게 역사를 가르친다고 한다. 그러면서 솔직한 기분은 '학생들이 해가 갈수록 정신적 성숙이 지체되는 느낌'이라 한다. 또 울산의 어느 초등학교에서는 '나라 사랑 국경일 이야기'라는 교육시간을 통해 3~6학년 학생 전원에게 국경일의 참된 의미를 제대로 알게 하고, 한민족의 자부심을 일깨우고 자랑스러운 한국인임을 깨우치고 있다 한다. 참으로 바람직한 소식들이다.

　단재 신채호선생은 "역사를 망각한 민족에게는 미래가 없다."라고 했다. 역사를 망각한 민족은 실패한 과거의 역사를 되풀이 할 뿐 아니라 번영을 이룰 수 없다는 뜻이기도 하다.
　역사는 가르치는 방식에 따라 고루한 옛이야기가 아니라 흥미진진한 살아있는 현실의 이야기가 될 수도 있다. 예를 들면 작금 중국은 '동북아공정' 정책을 통해 엄연한 우리 민족의 역사인 고구려와 발해사를 자기네 역사로 만들려고 한다.
　우리 고구려와 중국의 수나라 당나라 2개 왕조 간에 걸친 전쟁 이야기를 펼쳐 보이면, 그 속에 등장하는 을지문덕 장군과 연개소문 장군, 양만춘 장군의 이야기는 밤새워 이야기하고 들어도 재미있을 것이다. 또 독도와 대마도 영토분쟁과 관련해서는 신라의 이사부 장군과 우산국 이야기, 세종대왕과 이종무 장군 이야기를 하다보면 학생들 눈빛이 초롱초롱해지고 주먹엔 불끈 힘이 들어가지 않을까?
　일찍이 이원복 교수 겸 만화가는 '만화로 읽는 한국사'와 '만화로 읽는 세계사' 수 십 권을 펴냈다. 또 암 치료에 평생을 보냈고 본인 스스로가 10여 년 동안 간암·폐암·방광암을 앓은 후 완치판정을 받은 전 서울대병원장 한만청 박사(81)는 은퇴 후 우연히 우리 청소년들의 역사인식 실태와 심각성을 깨닫고, 현재까지 300여만 권의 역사만화 보급을 통해 청소년역사교육에 앞장서고 있다 한다.

  교육당국이 내년부터 수능시험에 한국사를 필수과목으로 포함시키고, 정부가 공무원 시험에 한국사를 필수로 채택했음은 다소 늦었지만 옳은 일이다. 우리 사회의 엘리트 집단에 속하는 교사들이 일선학교에서 시대 순으로 주입시키는 딱딱한 편년체적 역사교육에서 탈피하여, 사회문제 또는 국제적인 사건 사례와 연관 지어 재미있게 또 마음먹고 제대로 하면 어떨까?
  우리 민족이 독도와 대마도를 넘어 간도와 만주 고토를 회복하고 말 달리는 날이 오지 않을까 생각해 본다.

2015년 7월

국가 성장 동력의
새 틀을 짜자 · 1

이젠 지방분권이란 새 옷 갈아입을 때

2015년 올해는 일본, 독일, 이탈리아의 패망과 연합국의 승전으로 2차 세계대전이 끝나고 우리나라가 광복을 되찾고 대한민국을 수립한 지 70주년을 맞는다.

국가적으로 뭔가 새로운 변화와 좋은 기운이 일어나면 좋겠다.

그 동안 우리는 중앙집권제의 헌법체계 하에서 선지자들과 각계각층 국민들의 피땀 어린 노력으로 경제, 산업, 사회, 문화, 체육, 예술, 과학 등 모든 분야에서 세계인들이 놀라워할 만한 괄목성장을 이루어 내었다. IT산업, 전자, 자동차, 조선, 건설 등 많은 부문에서 우리나라 제품들이 세계시장에서 큰 비중을 차지하게 되었다.

그럼에도 많은 국민들이 불편해 하고 있는 분야가 바로 정치 쪽이다. 돈 많이 들어가는 선거문화, 정당체제, 공천제, 승자독식의 권력구조 등을 비롯하여 스스로 변화와 개혁을 하지 못하는 정치인들과 낡은 정치문화의 폐단에 대다수 국민들은 염증을 내면서도 마지못해 끌려가고 있다. 거기에는 오래된 유교적 관행과 중앙 중심적 사고에 깊이 물든 국민들의 인식도 한 몫 하고 있다.

지금 온 나라가 '성완종 리스트'로 시끄럽다.
대통령이 중남미 4개국 순방에 나가 있는 데도 국무총리가 사임을 해야만 하는 상황이 발생하고, 리스트에 오른 정치인들과 추가로 드러날 비리 등에 정치권이 전전긍긍하고 있는 실정이다.
지난 해 300여 명의 목숨을 앗아간 세월호 사건은 1주기가 지난 오늘에도 그 처리를 매듭짓지 못하고 유족과 정권 간의 갈등과 대립은 계속되고 있다. 국민들의 정치 불신은 나날이 심각해 지고 있으나 뾰족한 대안을 찾지 못하고 있다.
지방자치제가 실시된 지 20년이 넘었지만 아직도 중앙과 지방, 수도권과 지방은 날이 갈수록 격차와 불균형이 심화되어 가고 있는 실정이다. 5,000만 인구의 과반이 서울 경기 인천에 집중되어 있고, 기업이나 산업시설도 수도권 집중화 현상이 더욱 심해지고 있다. 지방의 젊은이들이 일자리를 찾아 서울로 서울로 향하고, 농촌에는 아기 울음소리가 끊어진 게 어제 오늘의 일이 아니다. 행정수도 이전, 공기업 지방 이전 등 수 십조 원 넘는 예산이 들어가는 인위적 정책의 효과도 수도권규제완화조치 한방에 날아가 버린다.

영남권 국제공항 수요가 이미 엄청나다는 연구조사 결과가 발표되어도 중앙 중심적 논리로 무장하고 대구 부산 간 지역갈등 문제로 몰아가는 중앙언론들의 방해공작에 밀려 몇 년째 무산되고 있다. 최근 영남권신공항 타당성검토연구 용역조사를 다시 한국교통연구원과 파리공항공단엔지니어링ADPI 컨소시엄에 맡긴다는데, 내선 총선 이후 그 결과가 나올 것이라 한다.

또한 국민이 내는 세금 80%는 국세란 이름으로 중앙정부가 걷어가 쓰고, 20%만 지방세란 명목으로 지방이 쓰고 있다. 권력과 부의 중앙편중이 가히 절대적이다. 지방자치제가 시행된 1991년 이래 현재까지 25년에 걸쳐 지방의회와 단체장 그리고 뜻있는 학자들이 줄기차게 국세와 지방세 비율을 6:4 또는 4:6으로 조정하자고 중앙정부와 국회 등에 수없이 건의하고 촉구결의안을 전달해 왔지만 중앙정부는 들은 척도, 꿈쩍도 하지 않고 있다. 중앙에 집중된 부와 권력을 내놓기 싫고 나눠주기도 싫은 것이다.

반면에 대통령과 중앙정부가 계획하고 공약한 복지정책을 수행함에는 생색은 중앙이 내고 비용부담은 지방에 떠넘겼다. 그러다보니 자치단체마다 재정형편에 따라 실행정도나 성과가 들쭉날쭉하고 심지어 재정이 빈약한 상당수 지방자치단체는 실행 불가를 선언하는 지경에 이르고 있다.

국가경제성장률은 최근 10여 년간 평균 3%대에 머물고 있고, 국민소득도 평균 2만 불대에서 수년 간 제자리걸음이다.

지나온 70년 못지않게 아니, 다가올 100년과 통일한국 시대를 열어갈 새로운 패러다임은 없는 걸까?

나라 전체적으로 청년들과 일할 수 있는 실버세대들에 충분한 일자리를 제공할 수 있고 국민소득 3~4만 불의 수준으로 다시 한 번 도약할 수 있는 길은 없는가?

'이것이 해답'이라고 백가쟁명百家爭鳴식 주장이 난무하거나 반대로 명쾌한 결론을 내놓기가 쉽지 않을 수 있다.

"사회전체의 엄청난 손실을 야기하는 현 중앙집권제 하의 제반 갈등들을 줄일 수 있는 대안은, 대통령 1인에 집중된 국가권력을 내각과 나누고 내각 즉, 중앙정부의 권력은 지방정부와 나누는 지방분권 체제 도입이 그 해답이다."고 지방분권을 15년간 꾸준히 주창해 오고 있는 '지방분권개헌국민행동'과 상당수 국회의원들의 주장을 이제 다 같이 생각해 볼 때다.

많은 지식인들과 정치인들이 그 주장에 동의는 하지만 개헌논의에는 쉽사리 나서지 못하는 이유가 있다. 그것은 대통령 4년 중임문제와 함께 재임기간 중 권력누수를 꺼리는 최고 권력자인 대통령과 그 측근들의 눈치를 살피기 때문으로 보인다. 그러나 이것은 5년 임기의 대통령 1인 또는 어느 한 세력집단의 호불호의 대상이 아니라 앞서 말한 것처럼 향후 100년 또는 통일한국 시대를 대비한 포석이요 새 틀로 바라봐야 한다. 이것이 지역사회와 국가의 주인으로서의 주민들이 더욱 깊이 생각하고 앞장서

행동에 옮겨야 할 이유이다.

　지방분권을 주장하는 이들은, '중앙정부는 만능이 아니고, 각종 재난에도 신속하게 대처할 수 없다는 것을 역사가 말해주고 있다면서 중앙집권의 여러 가지 폐해를 지적한다. 지방분권이 강화되면 지역의 현안은 지역주민이 지혜를 모아 해결하는 즉, 정책의 결정과 집행을 지역민이 하게 되고, 그 과정에서 지역민들의 더욱 적극적인 동참을 이끌어 지역발전의 원동력이 될 것이다. 그리고 지역발전이 뭉쳐져 국가발전으로 연결되고 민주주의와 경제가 한 단계 더 성장 성숙하게 되어 결과적으로 한국경제의 새로운 성장 동력이 될 것'이라고 한다.

　2001년부터 시작된 지방분권추진운동은 과거 국채보상운동이 그러했듯이 지금까지 대구 경북을 주축으로 다른 광역시와 도가 뒤따라 합류하고 일선 시 군들도 참여하고 있다. 이제 광복 70주년을 맞아 우리 국민들 특히 대구 경북 시 도민들 전체가 그동안 갇혀 온 중앙집권의 낡은 틀을 과감히 벗어 던지고, 미래를 위해 지방분권의 새 옷으로 갈아입는 백년대계운동에 적극 동참하자. 그리하여 지역발전을 선도하고 나아가 국가성장 동력의 새 틀을 짜는 새 기운을 불러일으켜 보자.

2015년 5월

국가 성장 동력의
새 틀을 짜자 · 2

새로운 성장동력, 지방분권에 있다

지난 6월 4일에 전직 경북도의원들의 모임인 경북의정회 2015 정기총회가 있었다.

이날 회원 및 관계자 100여 명이 모여 '지방분권개헌을 위한 경상북도 의정회 결의대회'를 열었다. 이 행사는 지난 달 5월 12일 경북대학교 국제회의실에서 대구경북의 정·관·학계와 일선 자치단체장과 의회 의원들 및 뜻을 같이하는 여러 단체회원과 시민 등 300여 명이 참석하여 개최한 '대구경북 지방분권개헌청원본부 출범식'과, 2015년 4월 1일 국회에서 여야 국회의원들과 전국에서 동참하여 개최했던 '지방분권개헌청원운동 선포식'에 이어 이를 전국적인 시민운동으로 조직화하고 범국민적으로 확대하기 위해 지역별로 열리는 행사의 일환이었다.

우리나라는 1945년 광복 이후 현재까지 70년 동안은 중앙집권체제의 틀 속에서 국가를 운영해왔다. 돌이켜보면 1970년대 이후 지난 40여 년간 우리는 산업, 경제, 문화, 예술, 체육 등 모든 면에서 눈부신 성장과 발전을 해왔다.

그런데 최근 수 년 동안 국가경제성장률이나 1인당 국민소득은 제자리걸음을 면치 못하고 있는 실정이다.

또한 결혼연령상한화와 세계 1위인 저출산율은 국가미래를 어둡게 만들고 있다. 뿐만 아니라 중앙집권체제의 폐해와 비효율로 인한 심각한 위기 징후는 우리 사회 곳곳에서 나타나고 있다. 불행하게도 우리는 세월호 사태 와 메르스 등 새롭게 터지는 사건·사고를 TV화면을 통해 생생히 목도하고 있다. 정부의 늑장 또는 부실대응으로 피해를 키우는 꼴을 보며 답답함에 가슴을 쳐야 하는 경우가 어디 한두 번이던가.

국가예산 중 80%를 움켜쥐고 모든 업무는 다 중앙정부가 처리하려는 통에 중앙은 과부하로 기능이 마비되고, 어느 것 하나 자주적으로 처리할 수 없는 지방은 중앙의 과잉통제에 손발이 묶인 실정이다. 그리하여 대한민국은 지금 큰 문제도 작은 문제도 제대로 해결할 수 없는 위기상황에 놓여 있다.

부활된 지 25년째를 맞고 있는 지방자치제는 소위 '무늬만 자치'에 머무르고 있는 실정이다. 현행 헌법상 지방자치에 관한 조항은 2개밖에 없다. 그나마도 '지방자치단체와 지방의회의 권한, 조직, 운영에 관한 사항은 법률로 정한다'고 하고 '조례제정도 법령의 범위 내에서만 할 수 있다'고 하여 지방자치단체와 지방의회 스스로는 아무 것도 할 수 없다. 지방에 꼭 필요하고 지방고유의 특성을 살려야 하는 입법도 국회에서만 제정할 수 있도록 하여, 지방자치단체의 입법권, 행정권, 재정권이 원천적으로 봉쇄되어 있는 것이다.

이러한 상황 하에서 국가장래를 걱정하는 많은 이들이 오랜 고민과 연구 끝에, 향후 우리나라의 새로운 성장 동력을 '지방분권'에서 찾아야 한다는 해법을 제시하기에 이른 것이다.
국가의 주인이자 지역의 주인인 주민들이 지역의 제반문제에 대해 자주적인 결정권을 가질 때, 더욱 자발적이고 신명나게 참여하여 지역을 발전시키게 될 것이다. 지방마다 고유의 특성을 살려 창의적이고 독자적인 발전방향과 모델을 구상해 실행하는 자기결정권을 가지고, 자발적이고 신명나게 참여하여 지역을 발전시키고 시민의 삶을 향상시키도록 해야 한다.
지방분권 없이는 지역발전도 창조경제도 기대할 수 없으며, 각종 규제에 묶여 기능장애를 일으키고 있는 국가운영체계의 개혁과 혁신을 위해서도 지방분권개헌 만이 유일한 해결책이라는 것이 결의대회에 참석한 의정회원들의 주장이다.

그들의 결의문 주요내용을 옮기며 끝을 맺는다.
一. 헌법전문에 '자율과 분권 및 조화를 바탕으로 자유민주적 기본질서를 확고히 한다'는 내용의 분권을 명시하고, 헌법 제1조에 '대한민국은 지방분권국가임'을 규정해야 한다.

一. 통일원칙에서도 지방분권질서를 포함시켜, 헌법 제4조에 '지방분권 질서에 입각한 통일국가를 구현할 것'을 명시해야 한다.

一. 지방정부의 재정권 독립을 확보하기 위해 '국가사무의 비용은 전액 국가가 부담하도록 하고, 각종 세금은 중앙정부와 지방정부가 법률과 조례로 부과할 수 있도록' 하여 지방정부에 재정권을 부여해야 한다.

一. 입법권은 '군사, 사법, 치안 등 전국적인 통일에 필요한 사무 이외의 것에 대해서는 원칙적으로 지방의회가 고유한 입법권을 가지며, 지방의회가 제정하는 조례는 법률과 동등한 효력을 갖는 것'으로 인정해야 한다.

2015년 6월

타산지석의 지혜로
대형종합병원 응급실
운영개선을

이번 메르스(중동호흡기증후군) 사태를 보면서 대형종합병원들의 응급실 운영체계를 개선해야할 때가 되었다고 생각한다.

전염병의 감염확산을 1차적으로 막고 환자를 회생, 완치시켜야할 대형종합병원 응급실이 병원균의 온상이 되어 전염병 확산의 진원지가 되고 심지어 의료진까지 감염되고 있었다니 모골이 송연할 따름이다.

일부 부도덕한 대형병원은 그 사실을 고의로 은폐하여 메르스 감염 확산을 부채질하였을 뿐만 아니라 주범 역할을 하였고, 정부 해당기관은 그 병원을 두둔하여 정보공유를 막았다니 기가 막힐 노릇이다. 거기다가 '대한민국이 뚫렸다'며 책임을 국가 탓으로 전가하는 뻔뻔함을 보여줬다. 사태가 진정되어 추가환자가 발생하지 않고 관련 확진환자가 모두 완치된 이후에는, 그에 대한 책임소재를 명백히 밝히고 재발방지를 위해 엄중한 조치를 취해야할 것이다. 물론 지금까지 일반적으로 응급실은 갑작스런 비상의료사고를 당한 환자나 가족들에게는 최초의 구원처 역할을 해왔었다는 데에는 별 이의가 없다. 특히 현재까지의 응급실 운영의 열악한 체계와 상황 속에서도 불철주야 자기 몸을 아끼지 않았던, 응급실을 거쳐 갔거나 현재 종사하고 있는 수많은 의사·간호사분들의 노고에 박수를 아끼지 않는다. 그러나 사정상 수년간 종합병원들을 다녀본 바에 의하면, 응급실에는 대부분 인턴과 레지던트 등 젊은 의료진이 근무하며 야간에는 더욱 그러하다. 그리고 병상 사이 간격들은 지나치게 좁고 환자들은 아픈 부위나 증상에 관계없이 뒤섞여 있다. 특히 겨울철에는 난방도 골고루 또 제대로 안 되는 응급실에서 감기 또는 유사 질병으로 병원을 찾은 환자나 가족들은 다른 사람들이 드나들 때마다 출입문을 통해 들어오는 냉기로 병을 더 키울 지경에 이르면, 아직도 이런 열악한 응급실 운영에 화가 머리끝까지 솟구친다. 입원실을 즉시 배정받지 못해 1~2일은 응급실 주변에서 기다려야 하는 가족들의 불편함과 고통도 이만저만이 아니다. 그러다가 간신히 입원실을 배정받으면 그 곳이 곧 천국으로 느껴진다.

  수준 높은 의료 서비스와 병원운영 시스템을 해외로 수출하고 의료관광객이 나날이 증가하는 이때에, 이렇게 응급실을 시대에 걸맞지 않게 열악하게 운영하는 것은 지방의 종합병원이나 소위 서울의 일류병원들도 크게 다르지 않다.

또한 지금의 응급실 운영 실태는 과거 1980년대와 비교해 봐도 크게 나아진 것 같지 않다. 건물시설과 의료기기 및 의술은 지속적인 발전으로 엄청나게 달라졌는데, 응급실은 여전히 옹색하게 운영되고 있다.

병원을 찾는 환자와 가족 즉, 수요자의 생활수준과 의식수준은 나날이 향상되어 높은 수준의 의료서비스를 기대하는데, 공급자인 병원은 수술실·입원실·외래 등 다른 곳과 달리 응급실 서비스는 왜 제자리걸음인가?

국민 건강의료보험과 개개인이 가입한 보험 등이 있어 적지 않는 의료비를 받을 터인데, 가슴이 철렁하고 발을 동동 구르는 환자나 가족들은 아랑곳없이 타성과 과거관행에 빠져 개선의 노력을 등한시하는 탓은 아닌가?

이참에 종합병원들이 수요자 눈높이에 맞게 수준 높은 응급실 운영과 서비스를 해줄 것을 기대하며 몇 가지 개선책을 제안한다.

첫째, 응급실에도 경험 많은 전문의들을 상시근무 배정하여 오진 방지와 함께 질 높은 의술을 제공하라.

둘째, 외래병동처럼 세세하게 나누기 어려우면 증상별로 크게 구분하더라도 칸막이 등 분리시설을 하여 환자들에게 타 질병의 감염이 안 되도록 쾌적한 시설을 마련하라.

셋째, 하루 이틀 이상 간병해야 하는 가족들을 위해서 최소한의 휴식 및 대기공간을 제공할 수 있도록 개선해 달라.

위 제안을 반영하여 적극 개선해 줄 것을 강력히 촉구한다.

특히 이번 메르스 확산사태에 큰 책임이 있는 삼성서울병원의 총책임자가 대국민사과 발표 시 응급실 시설관리 및 운영체계 개선을 두 번째 사항으로 명시하여 약속한 바 있다.

따라서 그 병원뿐 아니라 전국의 모든 대학병원 및 종합병원들도 이를 타산지석으로 삼아 응급실 시설 및 관리운영을 보다 쾌적하고 편리하게 개선해 주기를 바란다.

2015년 7월

민심이 제일 무섭다
대한민국의 위대한 힘,
대화와 소통으로 나서야

122:123:38:6:11

열흘 전 4·13 총선의 각 당과 무소속 의석 숫자다. 각 당도 놀랐고, 표를 행사한 유권자 국민 스스로도 놀랐다. 지난 대선 이후 3년간 각종 선거에서 전패의 늪에 빠져 허우적거리던 야권의 분열로 이번 총선은 새누리당의 압승과 낙승이 예상되었다. 국회선진화법을 개정할 180석 내지는 개헌선에 육박하는 200석 달성도 점쳐졌다.

그러나 새누리당의 자만과 오만함은 그 어떤 승리 요인보다 지나쳤다. 소위 친박세력들에 의한 당원 총의로 선출한 당 대표 흔들기는 도를 넘었다. 최고위원회에서의 왕따와 무력화, 임명된 공관위원장의 노골적인 당 대표 무시 내지는 깔보기 작태, 급기야 청와대 정무특보출신의 진박 윤상현 의원의 "그 ×× 속아내야 해."까지 터져 나왔다. 국회의원 입을 통해 나온, 시정 잡배보다 더한 욕설이 TV화면을 통해 전 국민들에게 그대로 전해졌다. 그럼에도 새누리당의 꼼수공천과 막장공천은 계속 진행되었고, 존영 운운이니 표 구걸 구태까지 보여줬다. 국민은 안중에 없었다. 국민들 눈엔 새누리당이 비록 집권 여당이지만 더 이상 정당의 모습이 아니었고, 결코 다수당이 되어서는 안 될 세력이라는 판단이 내려졌던 같다. 그러다보니 그 동안 쌓이고 내재되어 왔던 정부여당의 실정들과 함께 국민들의 큰 실망이 송곳으로 변해 단단하던 보수층의 벽을 소리 없이 허물었던 모양이다.

이명박·박근혜 정부 8년 동안의 국가 및 가계부채 폭증, 나날이 팍팍해져가는 서민들의 삶과 고통, 친기업정책으로 인해 기업소득 증가에 훨씬 못 미치는 법인세와 소득분배 문제, 국민건강증진 미명하의 담배소비세 증세에 따른 담배가격의 거의 100% 인상, 세월호 참사에서 드러난 정부의 무능과 무책임함, 메르스 사태의 미숙한 대응과 되풀이되는 위기관리능력 부재, 뜬금없는 역사교과서 국정화 추진으로 인한 국론분열 초래 그리고 개성공단의 갑작스런 철수로 해당 기업들 및 수 천 개 협력업체에 종사하는 수 만 근로자와 그 가족들의 생계위협과 남북 간에 조성된 극도의 긴장관계 등 국민들의 불만이 이번 선거에서 폭발적인 표로 분출되었던 것 같다. 어쩌면 당연한 일이었을지도 모르지만 그간 무능했던 야당 탓에 아무도 쉽게 생각할 수 없었던 투표결과였다.

 이번 선거는 대중이 결코 우매하지 않다는 것을 여실히 보여준 증거였다. 또한 나라의 주권은 국민에게 있고 모든 권력은 국민으로부터 나온다는 것을 '확실하게' 보여준 '민주주의의 한판 축제'였다.

 이제 박 대통령은 국민과 국회를 대함에 있어 지금까지의 방식을 바꾸어 경청과 대화의 소통으로 나서야 한다. 오로지 '박비어천가'만 불러대고 정작 위기 때는 뒷짐 지다가 틈나면 패거리 이익만 쫓는 아부파들에 더 이상 둘러싸여 있어서는 안 된다. 시간이 그리 많지 않다. 십상시나 아부파들을 과감히 내치고, '임금님 귀는 당나귀 귀'라고 외칠 수 있는 용기 있고 유능한 인물들을 등용하여 그들과 함께 머리 맞대고 국정을 풀어나가야 한다. 그들과 함께 수많은 잘못된 관행들을 바로잡고 지금까지 쌓인 적폐를 청산해야 한다. 그것이 곧 개혁이다.

 이 나라의 상머슴으로서 박 대통령이 자기를 낮추고 국민과 진정 소통하면서 개혁의 기치를 높이 들고 앞장서 실행해 나간다면, 남은 2년은 그가 평생 꿈꾸어왔던 창조 대한민국 건설의 주춧돌 놓기에 결코 짧지 않을 것이다. 왜냐하면 착하고 신명 많은 이 나라 국민들이 이번 선거에서 보여줬던 힘보다 두 배 아니 열 배 이상의 힘으로 대통령을 뒷받침하고자 상시 대기하고 있기 때문이다. 과거 성공적으로 치렀던 88올림픽이나 IMF외환위기 사태를 훌륭하게 극복했던 역사적 사실이 이를 입증한다. 그것이 우리 대한 국민의 위대한 힘이요 저력이다.

그러나 마지막 남은 이 소중한 기회를 놓치거나 날려버린다면 무능한 지도자로 낙인찍히고 또 역사에 그렇게 기록될 것이다.

그보다 더 두려운 것은 지난 대선에서 '깨끗하고 원칙 강한 대통령'을 고대했던 국민들의 상실감과 아픔 그리고 기회비용일 것이다.

2016년 4월

제3부

도전과 응전의 논리 뛰어넘을
새로운 지도자

잘못한 결정이나 정책을 지도자의 위신이나 체면치레 때문에 억지로 밀어붙이기보다, 나라의 주권은 국민에게 있고 오로지 국민을 위한다는 대승적 차원에서 잘못된 것이 있으면 인정하고 원점으로 되돌릴 줄 아는 것이 지도자의 참된 용기요 덕목이다.

국민은 참된 용기와 덕을 갖춘 지도자를 원하고 또 진정한 군사주권을 원한다.

「잘못된 사드배치 결정과정과 주권재민」 중에서

"불의의 권력은 정의를 이길 수 없다"

2016년 4월 13일은 20대 총선거일이다.

이를 위해 각 정당 혹은 무소속 후보자들은 3월 24일~25일 양일간 선거관리위원회에 후보등록을 해야 한다.

그런데 집권 여당인 새누리당은 대구 동구(을) 선거구의 후보자 공천을 후보등록일 이틀 앞둔 3월 22일 현재까지도 결정하지 않고 있다. 정확하게 말하면 박근혜 대통령의 심기를 거슬렸다는 이유로 당 공천기준에 합당하고 지역유권자의 지지율이 가장 높은 유승민 후보에게 공천을 주지 않으려고 꼼수를 부리고 있는 것이다.

이명박 대통령 취임 직후 치러진 18대 총선을 앞둔 2008년 3월 당시 박근혜 한나라당 대표는 "권력은 정의를 이길 수 없다."

고 했다. 소위 '친이'계에 의해 '친박'계가 공천학살을 당한 뒤 했던 말이다. 그 말처럼 친박계는 '친박연대'와 '무소속연대'를 통해 대부분 국회의원에 당선되어 생환했다.

그 뒤 2012년 19대 총선에서는 미래권력이던 친박계가 당시 권력을 잡고 있던 친이계를 무자비하게 '보복학살공천'했다. 그들에겐 글자 그대로 짜릿한 복수극이었을 것이다.

그런데 현재권력인 친박계는 4년이 지난 2016년 현재도 또 다시 공천학살을 재현하고 있다. 이번에는 훨씬 더 모질고 노골적이다. 나라의 주인인 국민은 전혀 안중에 없다.

그들에겐 애초부터 나라의 주인은 백성이 아니라 여왕님 혼자뿐이었던 같다. 그러다보니 공천학살의 대상도 성질이 달라졌다. 지난 3년간 미운 털이 박힌 자, 남은 2년 동안 걸리적거릴 만한 자 중 만만한 자, 호가호위하는 앞잡이가 공연히 미운 자뿐만 아니라 미래권력이 될 만 한 자와 그 주변에 있는 자들 모두가 그 대상이다. 앞으로 자기 계파가 영구 집권하겠다는 욕망에 방해가 되는 자는 모조리 제거하려는 것인지…….

원칙과 기준도 없다. 국회의원으로서의 품격과 질서도 없다. 평의원이 당대표를 향해 시정잡배보다 못한 '그런 ×× 솎아내야 해' 하는 막말도 거침없이 해댄다.

이를 지켜보는 국민들이 신음을 삼키는 중이다. 쏟아져 나오는 반박과 원망들도 다채롭다. 지역구 관리를 엉망으로 하다 도망간 자가 칼자루를 쥐더니 말이 많다. 열심히 지역관리를 잘하고 의정활동도 모범적으로 한 나를 내치느냐, 국민 편에 섰던 내 선택이 쓰라린 보복이 되어 돌아오다니 역대에 없던 표적 보복 학살 공천이다, 지역여론 조사에서 1위한 나를 내치고 꼴찌 한 자에게 공천을 주니 승복할 수 없다,고도 한다.

이 모든 현상을 한마디로 표현하면 '불의'다.

국회의원은 한 명 한 명이 헌법상의 대의기관으로 국민을 대신하여 국가권력을 견제하고 권력이 올바르게 집행되도록 감시할 의무가 있다.

그런 국회의원을 공천함에 있어, 새누리당이 당원과 국민의 뜻에 의거하여 공정하고 합당하게 하지 않고 스스로 '청와대 국회출장소'로 전락하여 대통령 눈치만 살피고 삼권분립의 대원칙을 파괴하는 '불의'를 감행한다면 유권자의 엄중한 심판을 피할 수 없을 것이다. 자기들 말처럼 여차하면 '한 방에 훅 간다'.

2016년 4월

도전과 응전의 논리
뛰어넘을
새로운 지도자

  2016년 추석 민심을 한마디로 요약하면 '갑갑함'일 것이다.
  추석 3일 전에 전 국민을 놀라게 했던 강도 5.8의 경주 지진에 대한 우려도 밥상머리나 술자리의 주된 메뉴였다.
  보수언론을 포함한 거의 모든 매스컴들과 야당이 우병우 청와대 민정수석의 개인적 비리와 인사검증 직무의 실패를 이유로 경질 또는 해임을 3개월 가까이 촉구해왔다. 심지어 여당 의원들도 우병우가 스스로 물러나야 한다고 입을 모은다. 속속 드러나고 있는 제반 정황들은 우병우가 진경준 검사장과 넥슨社 김정주 대표 간의 불법뇌물거래를 눈감아주는 인사검증으로, 잘 팔리지 않던 처가 땅을 1,300억에 넥슨에 매도한 것에 깊숙이 개입했음을 가리키고 있다. 또 우병우는 김재수·조윤선 장관후보자에 대한 검증도 엉터리로 하여, 급기야 9월24일 국회에서 김재수 농수산식품부장관의 해임건의안이 가결되어 대통령의 국정수행에 큰 부담을 끼치게 됐다.

그런데 더 큰 문제는 인사권자인 박근혜 대통령이 언론과 야당 그리고 대다수 국민들의 우병우 경질요구와 국회의 김재수 장관 해임건의안 의결을 무시하고 '모르쇠'하는 불통을 보이고 또 그럴 거라는 점이다. 심지어 우병우 민정수석의 비리감찰 명을 받고 이를 수행하던 이석수 특별감찰관을 '국기문란'이라는 기상천외한 이유로 쫓아내는 일까지 벌인 것이다. 누가 과연 나라의 기강을 문란하게 하고 있는지는 삼척동자도 알 일이다.

정부의 계속되는 이러한 실정과 새누리당의 오만함 등으로 인해 지난 4월 총선에서 여당은 사상 유례가 없는 대참패를 했다.

그리고 나서야 박 대통령은 "이제 민심이 어디에 있는지 잘 알겠다. 민의를 겸허히 받들고 새롭게 출범하는 국회와 긴밀히 협력하겠다."라고 했다.

그러나 그 이후 지금까지의 국정운영을 보면 진정한 반성이 아닌 단지 지나가는 말의 유희였던 것 같다.

총선이 끝나자 그간 악재가 될까 하여 덮어두었던 고도미사일 방어체계인 사드의 도입배치를 설익은 채 발표하여 심각한 국론분열을 일으키고 있다.

또 지난 10년 간 남부권 주민들의 숙원사업이었던 영남권 신공항사업을 백지화하면서 그동안 불가능이라 했던 김해공항 확장을 '김해신공항'이라 이름 붙이는 억지를 부리며 남부권 1천여만 주민들의 가슴을 짓누르고 있다.

국민을 더 답답하게 하는 것은 장관후보자 청문회에서 계속 반복되는 소위 기득권세력들의 부패가 해도 해도 너무하다는 것이다. 단골메뉴인 부동산투기, 논문표절, 병역비리 외에도 금융기관과의 편법과 불법 특혜성 거래와 해당자들의 후안무치한 궤변 등이 보태지니 힘없는 일반 서민들은 망연자실하여 할 말을 잊고 만다.

거기에다 국회의원이나 고위공직자 등 '2대에 걸친 대물림 병역면제자가 100여 명에 이른다'는 뉴스는 청년층이 말하는 '헬조선'이란 자조 섞인 신조어를 설명하고도 남음이 있다.

도대체 감사원과 국회의 감시기능은 어떻게 된것이며, 검찰이나 경찰의 수사는 뭘 하고 있는지 묻지 않을 수 없다.

하긴 우병우, 진경준, 홍만표, 김형준 부장검사 사건 등으로 검찰 역시 부패한 권력집단으로 인식되고 있다 하면 선량한 많은 검사들이 억울하다 할까?

유명한 역사학자 영국의 토인비Arnold Toynbee는 그의 저서 『역사의 연구』에서 "인류의 역사는 도전과 응전의 역사다. 강대국의 멸망은 외부의 침략 때문이 아니라 내부의 고착적이고 권위적인 교만과 안이 때문이다."라고 했다.

집권자와 그를 둘러싼 세력들이 무능과 불통 그리고 아집으로 민심을 외면하는 도전을 한다면, 민심은 그에 대한 응전으로 등을 돌리고 떠나갈 것이다. 물론 여권의 오만과 무능의 반사이익만 누리려는 야당에 대해서도 민심은 결코 호의적이지 않다. 그리하여 다음 대선에서는 새로운 리더십을 추구하고 찾을 것이다.

역사학자 이덕일 한가람문화연구소장은 '썩어빠진 한국, 갈아엎을 지도자 간절하다'라는 신문기고 글에서 "우리 사회는 새로운 리더 집단의 등장을 요구하고 있다. 역사와 시대에 대한 깊은 통찰력과 이해를 바탕으로 미래지향적 가치관과 애민정신 그리고 한국사회의 뿌리 깊은 적폐를 청산할 적극적인 의지와 끊임없는 고뇌로 미래를 이끌 대안제시 능력을 갖춘 새로운 인재를 원하고 있다."고 역설한다.

내년 대선을 앞두고 여야를 막론하고 많은 후보자들의 이름이 오르내리고 있다.

우리 국민들은 과거 독재도 경험하였고 민주화, 산업화 시대의 지도자에 이어 오늘의 시대에 살고 있다. 그 동안 독재와 지역주의의 폐단, 무능과 불통의 폐해 등을 골고루 학습해 왔다. 그렇기 때문에 더더욱 2017년 대선에서는 남북문제, 청년문제, 영호남 및 충청 지역주의와 빈부격차 해소, 미래대안 제시 등의 숙제를 국민과 소통하며 풀어나갈 유연하고 유능한 새로운 지도자를 고대하고 있다.

"흑인이나 백인, 라티노, 아시안, 인디언 그리고 젊은이와 노인, 동성애자와 일반인, 남성과 여성, 장애인 등 모두가 똑같은 국기에 대한 맹세와 자랑스러운 깃발 아래 하나로 뭉치는 것이

미국입니다. 단 한 번의 임기, 한 명의 대통령, 한 사람의 일생으로 모든 도전을 풀 수 없습니다. 이번 선거에서 누구를 선택할지 고민할 필요 없습니다. 임금인상, 공정과세, 노동자 목소리 확대, 월가규제 등을 원한다면 ooo에 투표 하십시오."라던 오바마 미국대통령의 명연설은 우리에게도 시사하는 바가 크다.

2016년 9월

진정성 없는 새누리당 후보들
눈가림,
표 구걸 말라

2016년 4월 6일 총선을 코앞에 둔 대구 12개 선거구 새누리당 소속 후보 전원이 시민들께 무릎을 꿇는 퍼포먼스를 펼쳤다.

내용을 요약하면 "공천과정에서 심려를 끼친 점 죄송하다. 박근혜 대통령의 성공을 위해서 다시 한 번 도와달라."는 것이다

과연 진솔한 사과일까? 대구 시민들은 투표일을 일주일 앞에 두고 그들이 마지못해 엎드린 것을 사과 또는 사죄로 받아들일까?

결론부터 말하자면 '글쎄' 또는 '아니올시다' 일 것이다.

왜냐하면 적어도 선거가 시작되기 전에 대구가 처한 지난 십수 년 전국에서 국민 총생산 꼴찌, 떠나가는 젊은 층 최다, 지역경제의 극심한 침체 등에 대해 지역의 주도 세력으로서 그 동안 압도적인 지지를 보내주었던 시민들께 진심어린 속죄와 대

책, 미래를 향한 비전제시가 있어야 했다. 그리고 최소한 선거 기간 시작 전에, 비겁한 꼼수와 별의별 난장판을 벌였던 막장공천에 대한 진정한 사과와 용서를 구했어야 옳았다. 주권자로서 시민들이 농락당해 왔던 것을 쉬이 용서할지 여부는 사과한 다음의 문제다.

그런데 그 전에 보였던 새누리당의 내려꽂기, 이중 돌려막기, 미운 놈 솎아내기, 미래에 걸리적거릴 세력 죽이기 등 대구시민을 안하무인격으로 무시하고 소위 정적 숙청으로 '미래희망 죽이기'를 자행했던 중죄에 대해 진솔함이 없는 두루뭉수리 사과로 넘어가려 했다.

거기에다 불과 며칠 전까지만 해도 공천학살 당했던 그들을 배신자로 낙인찍으며 한 표도 주지 말라고 시민들을 윽박지르고 심지어 존영 운운까지 하며 역행하는 시대인식과 돌려달라는 치졸함까지 보였던 그들이 아닌가.

만약에 선거 여론조사 결과가 지금처럼 나쁘지 않았다면 과연 그 나마의 사과조차 했을까?

거기에다 또 박 대통령을 마구 팔아댄다.

대구 선거에서 지면 박근혜 대통령이 망하기라도 할 것인 양 협박조다.

과연 이것이 80% 넘게 지지했던 대구시민들에 대한 진정성 있는 사과일까, 아니면 2년 전 재미 봤던 대통령 팔기 식 표 구걸일까?

알 만한 사람은 다 안다 . 쇼하지 말라.

그 동안 무시당하고 배신당해 왔던 대구시민들은 결코 더 이상 속지 않을 것이다.

그리고 두 눈 부릅뜨고 선거결과와 앞으로 대구 미래를 똑똑히 지켜보고 또 지켜나갈 것이다.

2016년 3월

국민 기만하는
새누리당에 경고한다
대선공약 파기하는 새누리당

　새누리당은 2014년 1월 22일 의원총회에서 기초자치단체장과 의원에 대한 정당공천제를 폐지하겠다던 대선 때의 당 공약을 파기하고 현행대로 정당공천 유지로 당론을 변경하려다 당내 반대와 여론의 비난을 피하려 국회정치개혁특위에서 논의키로 하면서 공을 국회로 넘겼다.
　과거 국회 관행처럼 차일피일 미루다 선거일정 시한에 쫓겨 여야 공동책임으로 몰고 가려는 모양새다. 이는 며칠 전 당 원내부대표가 이미 공천폐지를 당론으로 정한 민주당에서 대선공약파기 대국민공동사과를 하자던 뜬금없는 제안과도 전략적으로 맥이 통하는 것처럼 보인다.

이미 새누리당은 대선 당시 가열차게 내걸었던 경제민주화 공약을 포기하고 또 기초노령연금제 및 4대 중증질환자에 대한 의료복지 공약도 후퇴한 바 있다. 그간 수례나 기초선거 공천유지를 관철하려는 의중을 드러낸 새누리당 지도부의 뜻대로 기초선거 공천폐지가 물 건너간다면 새누리당은 대선 주요공약 중 경제, 복지, 정치부문 공약을 스스로 모두 파기하는 셈이 된다.

2012년 말 대선 때 새누리당은 모든 기득권을 내려놓을 테니 다시 한 번 집권의 기회를 달라며 국민들께 읍소하였다. 국민들은 '이제야 뭔가 바뀌려나 보다' 기대하며 그들 공약의 진정성을 믿었고 특히 어떤 정치적 빚도 없어 보였던 박근혜 후보의 원칙 있고 강단 있었던 정치역정을 믿고 지지표를 던져, 새누리당은 1·5%의 승리로 정권재창출에 성공했다.

그러나 대선 후 불과 1년 만에 새누리당은 국민들께 약속했던 것을 헌신짝처럼 내팽개쳐 버리고 있다. 이제는 다시 정권을 잡았으니 국민은 안중에도 없다는 태도다. 화장실 가기 전과 다녀온 후의 다른 속내가 집권 여당의 현주소요 실상인 것이다.
 이렇듯 이 나라 주인으로서의 국민들은 머슴인 국회의원들과 그 소속정당인 새누리당으로부터 기만당하고 배신당하고 있다.

기득권유지를 위한 기초선거 공천
새누리당이 내거는 기초선거 공천유지 사유는 그들이 내려놓겠다던 기득권을 계속 그대로 유지하기 위해 국민을 호도하려는 사실왜곡 주장에 불과하다. 정당공천 폐지는 위헌의 소지가 있고 미검증 지방토호세력들의 무분별한 출마로 후보난립의 가능성이 크며 여성 또는 정치신인들의 등장이 어렵다 한다.

이는 헌법재판소가 무소속후보들의 지지정당표방 금지가 위헌이라 판결한 것을 새누리당이 여론을 호도하기 위해 억지로 끌어다 붙여 왜곡 인용한 것이다.

헌법재판소는 지방선거에서 정당공천폐지가 위헌이라 판결한 적이 전혀 없다. 지방선거에서 정당공천여부는 위헌성의 문제가 아니라 선택의 문제일 뿐이다. 이는 유럽 일부국가들이 지방선거에서 정당공천제를 채택하지 않고 있는 것을 미루어 봐도 알 수 있다.

지방토호세력들의 무분별한 출마 운운 등은 출마후보자와 유권자의 정치수준과 의식을 얕잡아 보는 아주 건방진 시각인 것이다.

누가 선거에 함부로 출마하고, 함부로 대표를 선출하는가

여성이나 정치신인의 출마문제도 그렇다. 사회가 성숙해질수록 자연스럽게 그들의 정계진출도 늘어나는 것이다. 사법시험이나 각종 공무원 시험에서 여성의 합격률이 50%에 육박하거나 상회하고 있는 것처럼 여성의 정계진출도 앞으로 상당히 증가할 것이다.

오히려 국민들은 이미 국회의원들이 기초단체장과 기초의원을 공천함으로써 얻는 기득권이 얼마나 크며 그것을 놓지 않으려고 갖은 핑계와 꼼수를 쓰는지 알고 있다. 지방을 확고히 장악하여 막강한 영향력을 행사할 뿐 아니라 그들을 수족같이 부리고, 단체장과 지방의원 후보들은 공천을 받기 위해 정당과 국회의원들에게 또 얼마나 충성하고 엎드려야 하는지도 익히 알고 있다.

1991년 지방자치가 부활된 이래 공천관련 대가성 금품수수나 각종 비리 사건으로 재판을 통해 유죄판결 받은 것만 수백 건이 넘는다. 이런 기득권과 각종 특권을 누리는 국회의원들이 지방에서 소통령 행세를 하는 기저에는 공천권이 있기 때문임을 알 만한 사람들은 다 안다.

각종 여론조사에서 60%가 넘는 국민이, 90%에 달하는 현역 기초자치단체장과 의원들이 정당공천 폐지를 찬성한다는 데도 새누리당만 기를 쓰고 귀 막고 눈 감으며 모르쇠 하는 있는 형국이다.

2013년 4월 보궐선거에서 새누리당은 대선공약대로 경기도 가평군수 후보를 공천하지 않았다. 그러면서 당공천 후보를 내세웠던 민주당을 향해 대선공약을 지키지 않는다고 맹비난했던 점을 생각해 보면 정말 웃기는 행태가 아닌가.

국민 앞에 겸손해야
새누리당은 국민 앞에 겸손해야 한다.

대선에서 승리하여 집권하고 있다하여, 상대 야당의 지지율이 형편없이 낮다하여 국민들께 조변석개로 말 바꾸기를 하거나 국정을 함부로 농단해서는 안 된다.

언제까지나 국민여론이 자기네 편일 거라는 착각을 말라.

모든 기득권을 내려놓겠다고 약속하고도 1·5% 이겼던 것을 기억하라. 선거를 코앞에 두고 선거 때마다 단골메뉴였던 상향식 공천 등의 씨알도 먹히지 않을 소리로 어영부영 시간 때우려 하지도 말라.

지금이라도 늦지 않았다.

기초선거 공천폐지를 재천명하고 신속히 법제도를 정비하여 주권자인 국민들과 2만여 명의 기초선거 출마예정자들을 더 이상 혼란스럽게 하지 않아야 한다.

그렇지 않으면 지난 대선 때 지지하지 않았던 절반의 국민들과, 지지했다 하더라도 정의를 바라는 양심적인 국민들로부터 이번 지방선거뿐 아니라 향후 국정운영에서 엄청난 저항을 받을 것이며 그 불똥은 대통령에게도 떨어질 것이다.

또한 이번 6·4지방선거에서 새누리당이 그 어떤 것을 공약으로 내걸어도 국민들은 더 이상 양치기 소년의 거짓말은 믿지 않을 것임이 자명하다.

대중은 결코 우매하지 않다. 나라의 주인인 국민을 더 이상 화나게 하지 말라.

2014년 1월

잘못된
사드배치 결정과정과
주권재민

사드배치 결정과 효용론

2016년 7월 8일 한국과 미국 두 나라 정부는 고고도미사일방어체계인 사드THAAD를 한국에 배치하겠다고 발표했다.

사드는 적국이 쏘아올린 탄도미사일을 40~150km의 고도에서, 아군이 발사한 탄도미사일로 명중해 무력화시키는 미사일 방어시스템을 의미한다. 한민구 국방장관은 이날 국회답변에서 북핵미사일에 대비하는 자위적 방어조치로 사드를 배치하는 것이며, 국회동의 절차를 밟지 않을 것임을 밝혔다.

그러나 이에 대해 일부 군사전문가들은 그럴 가능성이 거의 없지만, '북한이 남한을 굳이 핵공격하려면 사정거리가 5,000km 넘는 고고도의 대륙간탄도미사일ICBM이나 잠수함탄도미사일SLBM이 아니라, 20~30km 저고도이며 사정거리가 200~500km에 달하는 신형 방사포나 스커드 미사일을 사용하면 수도권뿐만 아니라 남한 전역을 충분히 포격할 수 있다. 그럴 경우 사드는 전혀 쓸 수 없는 무용지물이며 우리 군은 기존에 설치한 페이트리엇 미사일로 요격 대응하는 시스템을 가동할 것이기 때문에 사드무용론을 주장'한다.

덧붙여 사드를 경북 성주에 배치할 경우, 사드로는 어떠한 상황에서도 수도권을 방어할 수 없음은 명백하다고 한다. 그렇다면 사드는 북핵 위협으로부터 한국을 보호하기보다 일본과 미국을 방어하기 위한 무기체계가 아닌가라는 의문을 갖게 된다.

반면 사드 레이더는 중국과 러시아의 미사일 움직임을 포착할 수 있어 대중 대러 견제용 시스템이 될 수 있을 것이라고 한다.

사드는 현재까지 아직 실전에서 전혀 운용되어본 적이 없는, 말하자면 검증되지 않은 무기체계다. 게다가 미국무부 동아시아태평양 담당차관보는, 사드는 미사일방어이론 중의 하나일 뿐이라고 한다. 또 사드의 요격능력이 실제보다 부풀려져 있으며, 미사일 48발의 사드 1개포대로 1,000발이 넘는 북한 미사일공격을 막을 수 있겠는가 등 사드 한국배치에 여러 가지 의구심을 표하는 군사전문보고서가 미국에서 이미 발표되었거나 최근 잇달아 발표되고 있다고 한다. (미국 존스홉킨스대 한미연구소 미사일방어전문가 마이크 엘러먼, 핵무기분석전문가 마이클 제거릭 공동 보고서 2016. 3. 10 / 걱정하는 과학자 모임UCS 보고서)

한편 건강권 실현을 위한 보건의료정책연합은 "사드 레이더는 지역주민의 생명과 건강을 위협한다. 사드의 X밴드레이더는 고

주파전자파를 발생시키며, 이는 국제암연구소IARC가 지정하는 발암물질에 해당한다."고 지적했다. 2014년에 사드가 배치된 일본 교토부 교탄고시 지역주민들은 사드배치기간이 2년밖에 되지 않음에도 불구하고 구토와 어지러움을 호소하며, 소음 때문에 잠을 잘 자지 못하는 건강과 생활상의 피해를 겪고 있다고 한다. 이 단체는 "사막이나 해안에서 바다를 향해 사드가 설치되어 있는 미국이나 일본과 달리, 북한을 겨냥한다는 이유로 육지에서 북한을 향하게 된다면 주민들의 피해가 비교할 수 없을 만큼 커질 수도 있다."고 우려했다.

남북 긴장고조와 동북아 신냉전 기류

2008년의 금강산관광 중단과 2016년의 개성공단 폐쇄조치로 남북 간에는 긴장관계가 다시 조성되고, 햇볕정책 이후의 화해와 평화통일의 분위기는 멀어져가고 있다. 그 위에 사드배치 발표로 남북 갈등과 긴장이 더욱 고조되어 가는 것이 심히 걱정스럽다. 또한 6자회담 당사국인 중국과 러시아에 대해 북핵개발 억재와 대북제재에 동참 및 협조를 요청할 명분도 잃게 됐다.

국제외교가에서는 벌써부터 북·중, 중·러 간의 밀착 조짐이 나타나고 있다. 이를 두고 노회찬 국회의원은 "박근혜 대통령이 북한의 김정은에게 준 최고의 선물"이라며 에둘러 비판한다.

중국과 러시아도 미사일부대를 한국 쪽으로 전진 배치할 것임을 경고하고 있어 동북아전체에 긴장관계가 조성되는 신新냉전 체제로 돌입하는 형국이다. 이는 1962년 10월 구소련이 쿠바에

미사일기지를 건설하려는 것을 미국 케네디대통령이 쿠바해상봉쇄로 맞섰던 사태를 떠올리게 한다.

현재 한·미간 사드배치 결정에 가장 강력하게 반발하고 있는 중국은 자국 외교부장을 통해 "사드배치는 한반도의 방어 수요를 훨씬 초과하는 것이며, 그 어떤 변명도 무력하다."고 했다.

한편 중국 환구시보는 논평에서 "중국은 정치 경제 무역 관광 문화 군사 외교 등 여러 영역에서 한국에 압력을 가해야 한다. 사용할 수단은 아주 많다."고 주장한다. 만약 중국이 경제보복 조치 수단을 선택한다면 그것이 우리 경제에 미칠 부정적 효과와 파장은 실로 엄청날 것임을 누구나 쉽게 짐작할 수 있다. 우리나라 전체 수출의 26%를 차지하는 대중국 수출과 국내로 들어오는 외국인 연간 관광객의 45%를 점하는 600만 명 이상의 중국인관광객이 발길을 돌린다면 그 후폭풍이 심히 걱정된다.

졸속적이고 일방적인 사드배치 결정

물론 '사드배치는 군사 주권적 사항'이라는 한 국방장관의 발언도 맞는 말이다.

그러나 앞서 언급한 바와 같이 현실적으로는 무용론이 나올 만큼 군사안보적으로도 별 실익이 없고, 중국, 러시아 등 주변국과의 심각한 마찰로 경제적으로나 외교적으로 득得보다 실失이 큰 정책이고, 나아가 막대한 재정부담과 국민건강이 우려되는 정책이라면 국방부뿐만 아니라 외교부, 통일부, 경제부처 등 관련 부처들이 함께 협의하여 결정하고 국회동의도 거쳐야 한다.

정부가 그런 성숙된 정책결정과정을 국민들에게 보여주어야 우리 국민들 또한 국가정책에 대한 신뢰와 지지를 보낼 것이다.

그러나 실제론 어떠했나.

사드배치 발표 3일 전인 7월 5일 사드무용론을 제기하는 새누리당 윤 모 의원의 질의에 대한 답변에서 한 국방장관은 "아무 것도 결정된 바 없다."고 했다.

그러나 이틀 사이에 어떤 일이 있었는지 몰라도 이틀 후인 7월 7일 긴급히 사드배치를 결정하고, 7월 8일 서둘러 공식발표했다. 또 7월13일 사드배치 지역을 경북 성주로 발표하기 불과 2~3일 전만해도 칠곡, 평택 등의 장소를 흘리다가 심지어 하루 전날인 12일에도 "성주로 결정된 것이 아니다."라고 국민을 속였다.

정부의 정책결정 과정이 지극히 졸속적이고, 국민과 해당 지역주민을 대하는 태도가 정도正道를 한참 벗어나 일방적이다.

중앙과 지방 상호 협력적 수평관계

도대체 이러한 일련의 행태들은 무엇을 의미하는가?

이번 사드배치는 국가안보와 경제, 외교, 통일, 국민건강 등에 중대한 영향을 끼칠 국가중요정책임에도 불구하고 관계부처 간에 또 해당 지역과 충분한 사전논의도 전혀 하지 않은 졸속적이고도 비민주적인 일방적 정책결정이었음이 그대로 드러나고 있지 않은가.

중앙정부와 지방자치단체는 이제 더 이상 상명하복의 수직적

관계가 아니라 국리민복을 위한 상호 협력 보완의 수평적 관계여야 한다.

  1991년 이래 4반세기가 넘는 지방자치의 경험을 통해 주민들은 자치의식과 권리·의무·책임의식이 몸에 배어왔다.

  중앙정부가 일방적으로 사드배치 예정지로 발표된 성주는 군민들의 격렬한 반대와 저항으로 민심이 끓고 있다. 일방적이고 강압적인 정책결정에 대한 사과나 반성도 않고, 뾰족한 대책도 없이 현장으로 달려간 국무총리와 국방장관은 주민들의 분노만 더 샀다. 거기에다 국방부의 '사드배치를 전제로 한 성주안전협의체 구성안'에 대해 '꼼수에 속아서는 안된다'는 성주 군민들의 분노와 반대투쟁은 '참외밭 갈아엎기' 대응 등으로 극에 달하고 있다.

  총인구 4만5천 명의 성주 군민 중 연일 수천 명씩 모여 사드반대투쟁에 나서고, 서울집회에도 2천여 명의 군민이 버스 40대에 분승하여 참여했다니 이것은 성주 군민 전체가 사드배치를 반대하고 있다는 것을 뜻한다. 심지어 경찰서장 출신의 현 군수도 삭발투쟁에 앞장섰다.

  박근혜 대통령은 8월2일 국무회의에서 '해당 지역 국회의원과 단체장을 만날 것'이라 했다. 순서가 바뀌어도 한참 뒤바뀌었다.

국익에 부합하는지,
목적과 손익에 대한
충분한 검증과 논의가 있어야

결론적으로 사드 배치시 부지 제공과 운용비 상당액 등 막대한 재정적 부담이 예상되는 만큼 정부는 지금이라도 헌법에서 정하는 바대로 국회동의절차를 반드시 거쳐야 한다. 최근 사드 배치는 국회동의절차를 반드시 거쳐야 한다는 국민여론이 50%를 훌쩍 넘어섰다. 국민여론과 해당 지역 주민의 의사를 무시한 중앙정부의 일방적인 밀어붙이기식 정책결정이 얼마나 많은 국론분열 및 사회적 갈등과 혼란을 초래하며, 그로 인해 얼마나 막대한 후속비용이 발생되는지 우리 국민은 이미 많은 경험을 통해 알고 있다.

그런데 이번 사드 성주 배치결정 과정에서 또 되풀이될 줄이야.

웬만한 국민들도 이제 알 만큼 안다. 국가안보적 사항이라 하여 더 이상 쉬쉬할 것도 아니다. 이제라도 국회에서 사드 배치가 얼마나 국익에 부합하는지, 그 진정한 목적과 손익에 대한 철저한 검증과 치열한 논의가 있어야 한다. 그리고 그 과정들이 국민들에게 낱낱이 생생하게 전달되어야 한다. 그런 다음 찬반에 관한 결정을 해야 한다. 그것이 '진정한 군사주권'이다. 그런 과정을 거친 후에 사드배치를 찬성하거나 혹은 거부하거나 최종 결정될 경우 그 뒷감당은 당연히 우리 국민 전체가 부담해야할 몫이다.

사드배치 지역선정도 현지 주민들의 건강과 현지 실생활 사정 등을 고려하여 관련 전문가들이 심사숙고 후 결정해야 한다. 해당 지방자치단체와 주민들에 대해서는 사전에 충분한 업무협의와 주민설명회 등 절차를 통한 대화로 그들이 갖는 불안감을 해소해주고, 대책도 마련하고 이해도 구해야 한다.

괌Guam에서는 15차례 이상의 주민설명회를 했다.

잘못한 결정이나 정책을 지도자의 위신이나 체면치레 때문에 억지로 밀어붙이기보다, 나라의 주권은 국민에게 있고 오로지 국민을 위한다는 대승적 차원에서 잘못된 것이 있으면 인정하고 원점으로 되돌릴 줄 아는 것이 지도자의 참된 용기요, 덕목이다.

국민은 참된 용기와 덕을 갖춘 지도자를 원하고 또 진정한 군사주권을 원한다.

2016년 7월

19대 대선
단상斷想

지난 5월9일 치러진 대통령선거에서 더불어민주당 문재인후보가 41.1%의 득표율로 당선되었다. 문 대통령께 축하를 드리며, 공약대로 흐트러진 국가기강을 바로잡고 '나라다운 나라'로 잘 이끌어 주시길 국민여러분과 함께 기원한다.

이번 선거에서 대구경북 시도민은 주인으로서의 권리를 제대로 행사하지 못했다는 느낌을 지울 수 없다. 이번 대선은 말 그대로 박근혜 전 대통령과 최순실의 국정농단과 그들을 방치 방조한 자유한국당의 실정에 대한 엄중한 책임을 묻는 선거였다.

그럼에도 불구하고 대구 경북 시도민은 자유한국당 홍준표 후보에게 각각 45.4%와 48.6%로 높은 지지율을 보였다. 이 결과를 두고 한두 가지 우려스러운 바를 짚고 넘어가고자 한다.

첫째, 대통령 탄핵과 국정파탄의 원인을 제공한 자유한국당에 대구·경북에서만 면죄부를 준 결과가 되었다. 국정을 파탄내고 자당 소속 대통령을 탄핵 당하게 했으면 그 당은 주권자인 국민에게 진심어린 사과와 반성을 하고 대통령후보를 내지 말았어야 했다. 대경 시도민들은 사과와 반성도 제대로 하지 않고 폐족친박을 도로 불러내며 궤변을 일삼는 자유한국당 후보에게 절반에 가까운 지지를 보냄으로써, '머슴이 잘못해도 꾸짖지 않는 주인' 꼴이 되고 말았다.

둘째, 선출직 정치인들 특히 대구 경북에 선거구를 둔 모든 자유한국당 정치인들에게 잘못된 신호를 줄 수 있다는 것이다. 기초의원에서부터 광역단체장, 국회의원까지 자유한국당 일색인 대구 경북은 영원한 그들의 아성이며, 웬만한 잘못은 저질러도 눈감아주고 당선될 것이란 착각을 하게 될 것이다. 신라시대 이래 조선에 이르기까지 유유히 내려오는 올곧고 강직했던 영남인의 기개와 선비정신은 어디 가고, 우리 지역이 '꼴통보수'라는 특정 정파의 본거지가 되어가고 있음은 부정하지 못할 것이다. 그 오명을 언제까지 덮어쓸 것인지 걱정이 아닐 수 없다.

우리에게는 불의에 맞섰던 항거정신이 면면히 이어지고 있다. 4·19 혁명의 도화선이 되었던 자랑스러운 2·28 대구학생의거를 상기해 봐도 그렇다.

부디 내년 지방선거에서는 지역의 다양한 인재들이 새로운 정치세력으로 성장할 수 있도록 우리 대구 경북 시도민들이 현명하게 판단하여 선택하기를 기대해본다.

2017년 5월

지방이 살아야
나라가 바로 선다
지방분권형 개헌을 기다리며

　지난 달 14일 문재인 대통령은 전국 광역시장·도지사와의 간담회에서 "개헌을 통해 연방제에 버금가는 강력한 지방분권 국가를 만들겠다."고 약속했다.

　1987년에 개정된 현행 헌법은 30년 시행 결과 국민기본권 보완, 권력구조 특히 제왕적 대통령제의 폐해, 정당 및 선거구제의 문제, 지방자치 조항의 미비 그리고 사회적 시장경제질서와 통일 부문 보완 등의 문제점이 드러났다. 그런 이유로 여야 합의로 국회에 개헌특위위원장 이주영가 설치되어 활동해 왔으며, 가을 정기국회 회기 중에 헌법개정안의 구체적 내용이 발표될 예정이다. 그 다음 공청회·토론회 등의 대국민홍보와 사회적 합의, 국회 심의와 국민투표 등의 개헌절차를 밟게 될 것이다.

문 대통령은 내년 초까지 헌법 개정안을 완비하여 내년 지방선거 때 국민투표에 부쳐 개헌을 최종 마무리할 뜻을 밝혔다.

허울뿐인 지방자치

여기에서 우리가 주목하는 것은 지방자치 관련 조항이 2개뿐인 허술하기 짝이 없는 현행 헌법을 고쳐, 지방자치의 헌법적 근거와 토대를 제대로 마련하는 지방분권형 개헌을 실현해야 한다는 주장이다.

1991년에 지방의회가 부활되고 1995년에 지방자치단체장을 주민이 선출하여 겉으로는 지방자치가 출범했지만 속을 들여다보면 이름뿐인 빈껍데기 지방자치에 머물러 있는 실정이다. 그나마 국민들의 자치의식 성숙에 뒤이은 열성적인 지방의회 의원들 및 단체장들의 노력으로 지역마다 차이는 있겠으나 괄목할 만한 발전을 해왔다.

지방분권형 개헌의 첫걸음은 헌법 전문과 제1조에 '대한민국은 지방분권 국가임'을 천명해야 한다는 것이, 5년 넘게 지방분권 개헌운동을 해온 이들지방분권개헌국민행동의 주장이다.

문 대통령은 한걸음 나아가 이들과 각계의 주장을 수용하여 소극적이고 제한적인 헌법과 지방자치 법령을 정비하여 자치입법권・자치재정권・자치행정권・자치복지권의 4대 자치권을 보장하며, 국세:지방세의 비율을 6:4 정도로 조정하고 지방자치단체를 지방정부로 개칭할 것도 제시했다.

지금 대한민국은 가히 서울공화국이라 할 정도로 사람・재정

• 정보가 수도권과 중앙에 집중되어 있다.

일례로 국민이 부담하는 조세 중 국세와 지방세의 비율은 수십 년 동안 8:2의 수준에 머무르고 있다. 그에 따라 현재 중앙정부는 업무의 과부화로 효율적인 기능을 제대로 수행하지 못하고 있다. 더구나 제왕적 대통령제 하의 무능한 대통령과 부패한 측근, 복지부동 공직자가 결합되었던 지난 날 IMF, 저축은행 부실사태, 메르스 및 세월호사태, AI조류독감, 구제역 부실대응, 최순실 국정농단사태, 갑작스런 개성공단 폐쇄, 사드배치 및 국정교과서 논란 등 중앙정부의 정책실패와 부실대응으로 인해 엄청난 국고 낭비와 함께 국민적 고통을 초래한 사례들이 수없이 많다.

이에 반해 지방정부는 열악한 재정과 중앙정부의 지나친 통제와 간섭에 손발이 묶여 제대로 일할 수 없는 형편에 이르고 있다. 최근 전국 광역시·도의회 운영위원장 협의회는 지방분권 강화를 위한 헌법개정촉구 건의문에서 '법령에 위배되지 않는 범위 내에서 자유롭게 조례를 제정할 수 있도록 자치입법권을 강화하고, 지방정부 필요에 따라 탄력적·자율적으로 조직을 운영할 수 있는 자치조직권'과 그 외 자주재정권 등을 개정 헌법에 명시해 줄 것'을 요구했다.

주민들도 주인으로서의
자기결정권 가져야

국가가 모든 분야에서 균형적이고 안정적인 성장을 하려면 재정과 인사 등 중앙의 모든 권한과 업무를 지방에 효율적으로 배분하여, 중앙정부는 국가적 과제에 집중하고 그 외의 업무는 지방정부가 스스로 해결하도록 해야 한다. 그렇게 할 때 지방정부 구성원들의 자발적이고 창의적이며 신명나고 책임성 있는 업무수행을 기대할 수 있을 것이다.

평소 아끼는 한 후배는 자신의 글에서 대구 경북과 호남이 타 지역에 비해 상대적으로 못 사는 이유를 일당 의존적 정치성향 탓이라며 꼬집은 적이 있다. 그의 분석에 동의하면서 대구경북의 실상을 살펴보자.

국회의원의 경우 24명 중 새누리당·자유한국당으로 당명을 바꾼 소위 지역 당이 아닌 의원은 4명에 불과하다. 경북 국회의원은 전원이 그러하고, 시·도지사, 시장·군수·구청장, 지방의원은 훨씬 더하다. 비례의원 한두 명을 제외하고는 거의 전원이 특정 정당 소속이다.

지방분권 시대를 맞아 지역과 나라의 주인인 주민들이 먼저 발전적으로 변화해야 하지 않을까?

이제 헌법이 바뀔 것이라는 희망도 가질 수 있게 됐다. 헌법과 법령, 제도가 바뀔 때까지 기다릴 것이 아니라 사고와 발상의 전환이 필요하다.

정치적으로는 특정 정당의 예속에서 하루빨리 벗어나야 한다. 그리고 시정市政에도 적극 참여하여 지역의 제반문제를 스스로 결정하고 해결하려는 자주적인 자기결정권을 행사하여 지역을 발전시키고 스스로 삶의 질을 향상시키도록 하자.

도시철도 3호선 조기 경산연장 적극 나서야

과거 중앙집권 시절에 계획된 대구도시철도 1호선은 그렇다 치더라도, 2호선 경산연장은 지방자치시대였음에도 당시 국회의원, 시장의 무관심과 무책임한 업무수행으로 다수 주민의 염원과 기대를 외면한 채 건설되어 현재까지 운행되고 있다.

이제 경산 중앙로 및 서·남·동부와 그 일원 지역에 거주하는 약 15만 시민들은 전처럼 소극적으로 남이 해주기를 기다리다 엉뚱한 결과를 맞을 것이 아니라, 먼저 도시철도 3호선을 경산으로 연장해줄 것을 조기에 요구하고 노선 결정시에도 적극 나서 시민 다수의 편익을 위한 의견을 수렴하고 전달해야 한다. 그것이 자기결정권을 적극적으로 행사하는 것이고, 21세기 국가 성장의 새로운 동력이 될 것이다.

지방이 건실하게 살아날 때 나라도 튼튼하게 발전할 것이다.

2017년 7월

대구 경북의
미래를 위한 선택

　바야흐로 집권여당인 한나라당의 당대표 선출행사가 전국순회 비전발표회 방식으로 펼쳐지고 있다.
　금년에 우리 대구 경북은 영남신공항건설 백지화와 국제과학비즈니스벨트지구 선정에서 변방으로 밀리는 등 두 차례에 걸쳐 수도권과 중앙권력으로부터 철저히 외면당하고 소외되는 아픔을 당했다.

　대구의 위상은 부산에는 한참 뒤쳐져 있고 인천에게도 3위 자리를 내주고 대전에게도 쫓겨 행정수도니 과학비즈니스벨트니 첨복의료지구 등으로 머지않아 추월을 당할지도 모른다. 대구 경북에는 구미의 전자산업과 포항의 철강업 그리고 부분적으로 산재해 있는 자동차 부품업을 제외하면 이렇다 할 미래 먹거리

산업이 거의 없다. 서민들의 생활은 날로 팍팍해지고 기업하는 사람들도 어려운 지역의 제반여건 때문에 힘들다고 비명을 지른다.

하늘길을 열어 돌파구를 마련하고자 했던 시도민의 열망은 내년 총선과 대선을 앞두고 표 계산하는 중앙정치권에 의해 무참히도 짓밟혔다.

지역 국회의원들도 청와대 눈치 살피느라 어물어물하며 뒷짐 지다가 막판에 슬쩍 시늉만 했던 것을 우리 시도민은 똑똑히 기억하고 있다.

두 차례의 좌절을 겪으며 얻은 것도 있다. 530만 대구 경북 시도민이 그렇게 똘똘 뭉쳐 한목소리를 낸 적이 최근에는 없었다. 그리고 무늬만 지방인 국회의원들은 지역발전에 별로 도움이 안 된다는 깨우침도 얻었다. 특정 정당만 일방적으로 짝사랑해서는 지역발전에 한계가 있다는 사실도 알게 됐다. 또한 중앙정치권에서 제 목소리를 낼 수 있는 지도자를 선택하고 키워야 한다는 것도 뼈저리게 느꼈다.

내년 두 차례의 선거에서 대구 경북 시도민의 표심이 어떻게 표출될지 두고 볼 일이다.

그러나 그전에 닷새 앞으로 다가온 한나라당 대표선출에서도 분명한 목소리를 내어야 한다. 7명의 후보 중 누가 과연 서민의 실정을 제대로 살펴 정책에 반영하는 그런 정치를 해왔는지, 누가 지역균형발전을 위해 영남신공항건설을 주장했는지 약간만 관심을 두고 살피면 금방 누구를 선택해야할지 알 수 있을 것이다.

후보들이 내건 공약이 아니라 '국회의원으로서 그들이 걸어온 길'을 잘 짚어봐야 한다. 지역발전을 위해 더 이상 홀대를 당하지 않기 위해 그 정도의 관심과 노력은 당연하지 않겠는가.

1인 2표를 행사하는 당원선거인단 70%, 일반 여론조사 30%로 당대표를 선출하는 방식이니 대구 경북 시도민이 잘만 선택하면 미래지도자도 키우고 우리 입장을 대변할 수 있는 당대표를 뽑을 수도 있겠다.

'누가 되던 관심 없다' '그 사람이 그 사람이다'로는 중앙으로부터 계속 무시당하고 지역발전은 요원하다.

2011. 6

옥시 살균제 사건과
정부・여당의 부실대응
기업 불법행위 눈감은 정부·여당이 피해 키워
'소비자집단소송제' '징벌적 손해배상제' 도입해야

　가습기 살균제 때문에 온 나라가 뒤집혔다.

　영국에 본사를 둔 옥시社가 인체 특히 폐에 치명적인 유독성이 있는 가습기 살균제 '옥시싹싹 New가습기당번' 제품을 시판하고, 소비자들이 이를 모르고 사용했다. 그로 인해 2000년 이후 현재까지 공식적으로 집계된 우리 국민 사망자 수만 230여 명에 이른다. 또 신고 접수된 피해자 수도 1천528명이며 병원에서 치료중이거나 질병을 앓고 있는 이는 상당수에 이르고 있는 실정이다.

　그럼에도 불구하고 국민의 재산과 생명을 보호해야할 막중한 책임이 있는 정부와 여당의 대응 태도는 너무나 실망스럽다. 만약에 이것이 국가 간의 문제로 초래된 사건이었다면 전쟁이 벌어졌을지도 모를 만큼 피해가 큰 중대 사태다.

2000년부터 피해발생이 시작되고 2006년 의사들이 문제 제기를 할 때까지는 몰랐다고 치자. 그러나 그 이후 수년에 걸친 역학조사 등의 절차를 거친 후, 2011년 보건복지부가 유해성을 공식 인정하고도 '사용 자제'를 권고했다 한다. 말이 안 되는 조치다. 수백 명이 죽어나가고 있는 마당에 '사용 자제'라니 '즉각 사용 중단' 조치하고 시중에 유통·시판되고 있는 제품 '전량을 회수하여 환경오염이 없도록 절차에 따라 폐기'했어야 하지 않았겠는가.

그리고 해당 기업에게 공식사과와 함께 피해자들에게 완벽한 치료와 보상을 지시하고 기타 행정적·법적 제재조치를 취했어야 했다. 그것이 국가의 존재이유요, 국민의 재산과 생명을 보호해야할 의무가 있는 정부로서의 최소한의 책임 있는 행동이다.

**정부·여당의 한심한 대응으로 인해
커지는 피해**

그런데 실상은 어떠했는가.

문제의 심각성을 인지한 민주당 장하나 의원은 오랜 기간에 걸쳐 환자들과 병원 그리고 기타 필요한 현장조사 끝에 2013년 4월 '가습기 살균제의 흡입 독성 화학물질에 의한 피해 구제에 관한 법률(안)'을 발의했다. 같은 당의 이언주·홍영표 의원, 정의당의 심상정 의원도 관련 법안들을 제출했다 한다.

그러나 이들 법안들은 기획재정부의 반대에 부딪혔다.

기재부는 그해 5월 환경부에 보낸 '법률안 전체 수용곤란'이란 검토의견에서 "가습기 살균제로 인한 피해는 제조업체와 피해를 당한 개인 간의 문제로 국가의 개입은 부적절하고, 특정제품으로 인한 피해 및 구제까지 특별법으로 규율하는 것은 국가의 과잉개입으로 나쁜 선례를 남길 우려가 있다."는 그야말로 '말도 안 되는 이유'를 들었다. 기재부는 또 "폐질환과 가습기 살균제 간의 인과관계가 아직 명확하지 않으며…" 라는 주장을 하며, 전년도인 2012년 12월 질병관리본부가 "동물조사 끝에 가습기 살균제가 폐 손상의 원인임을 최종 확인했다."는 보고 사실도 애써 감췄다.

또한 환경부는 2013년 6월 당정회의에서의, "가습기 살균제와 폐 손상의 인과관계를 정부기관이 이미 공식적으로 확인한 문제라 법안에 반대하기 어렵다."는 의견을 개진했지만 기재부와 기업부담을 이유로 반대에 가세한 전경련에 눌려 묵살되거나 하는 척만 해왔다.

거기에 여당인 새누리당 국회의원들은 소관 상임위에서의 부작위적 처리와 공청회 불참 등 지연 전술로 피해자를 구제할 법안이 현재까지 3년 넘게 국회 문턱을 넘어서지 못하고 결국 사장시켜왔다는 것이다.

이후 다수의 야당의원들과 여당 몇몇 의원들이 연명으로 <기업의 행위로 손해를 입은 경우, 일부 개인의 승소로도 관련 모든 소비자가 손해배상을 받을 수 있게> 하는 '소비자집단소송법(안)'과 <가해자의 행위가 악의적이고 반사회적일 경우 실제 손

해액보다 훨씬 큰 액수로 손해배상을 하게> 하는 '징벌적 손해배상제도 도입법(안)'을 제출하였으나 이 역시 국회에 계류되어 있다가 19대 국회 종료와 함께 자동 폐기되었다.

사정이 이렇다보니 정부·재계·여당의 '친기업 3각 커넥션'에 의해 결과적으로 애꿎은 국민생명이 희생되어왔다는 언론의 통렬한 지적을 당연히 피할 수 없었다. 또한 '가습기 살균제를 판매한 업체보다 판매를 허가해 준 정부가 더 가해자'라는 피해자 가족들의 절규가 더 가슴을 아프게 한다.

'옥시 살균제' 피해사건의 큰 책임이 있고 사건의 전모를 밝히는 데 핵심인물인 옥시社의 전 대표자 거라브 제인氏는 2016년 6월 현재 싱가포르에 체류하면서, 한국 검찰의 조사를 위한 출석요구에 대해 "바쁘고 두렵다."면서 출석을 거부하고 있다.

그는 서울대 조某 교수에게 용역대가로 2억5천만 원, 실험결과 조작대가로 수천만 원을 지급하는 내용의 계약서에 서명한 당사자다.

동일·유사 사례에 대한 외국의 대응 자세

한편 한국에서 가습기 살균제 피해소식이 전해지자 덴마크정부는 자국에서는 '농업용'으로만 사용했음에도 불구하고 원료인 PGH를 곧장 판매 중지시키고 해당제품을 전량회수 조치했다. 그로 인해 PGH업체인 케톡스는 2년 전 회사 문을 닫기도 했다.

또한 덴마크 환경청은 "한국 검찰이 케톡스에 대한 수사협조를 요청할 시 적극 협조하겠다."고 했다. 나아가 토머스 리만 주한 덴마크대사는 지난 5월 9일 한국피해자들과의 간담회 자리에서 "피해자들이 케톡스社를 상대로 덴마크에서 소송을 할 경우 변호사를 지원 하겠다."는 입장을 밝혔다고 한다. 정말 우리 정부와는 너무나 대비되는 사건처리 방식과 자세다.

뿐만 아니라 미국 법무부는 고속철도 떼제베TGV 생산업체로 유명한 프랑스 전력운송회사 알스톰社에 대해 2014년 12월 해외부패방지법 위반혐의로 8천538억 원이라는 어마어마한 액수의 징벌적 벌금을 부과했다. 이 막대한 벌금에 대해 미국 법무부는 "자발적으로 범죄행위를 신고하지 않았고, 사법당국이 기소하기 전까지 수사에 협조하지 않고 저항했기 때문"이라고 밝혔다. 물론 미 정부는 알스톰의 협조 없이도 고강도 수사를 통해 알스톰 본사와 해외 자회사들이 수주를 위한 광범위한 뇌물공여 혐의를 밝힌 후 취한 조치다.

여기서 우리는, 정부 각 부처에서 근무하는 우리 공직자들도 외국의 사례처럼 '공복으로서의 사명감을 가지고 제대로 맡은 바 임무를 왜 적시적절하게 수행할 수는 없는가' 하는 안타까움과 분노를 금할 수 없게 된다.
우리 국민 수백 명이 영문도 모른 채 죽어가고 있는데도 말이다. 2011년 8월 정부가, 영유아와 산모가 폐질환으로 사망한 사건의 원인이 '가습기 살균제'였다는 공식발표를 한 후에도 피해는 계속 되고 있다. 그 후 5년이 지난 오늘까지도 정당하고 적절한 피해보상은커녕 제대로 된 수사조차 하지 못한 채 말이다.

이게 무슨 국가고 정부인가?

국가가, 공직자가, 국민을 힘들게 하고 있는 이것이 세계 10위권의 경제규모를 자랑하는 대한민국의 현주소요 실제 모습이다. 어찌 자괴감이 앞서지 않을 수 있겠는가.

어떤 연유에서 그랬는지 모르지만 현오석 당시 기획재정부장관은 2013년 5월 사리에 전혀 맞지 않는 엉뚱한 검토의견을 환경부에 보냈다. 윤성규 환경부장관은 2016년 5월 국회에서 "제가 왜 피해환자를 만나야 합니까?"라는 답변을 했다. 새누리당 권성동 전략기획본부장은 2016년5월 기자회견에서 "칼 맞아도 국가가 배상해야 하나?"면서 견강부회의 억지논리를 끌어댔다.

도대체 그들과 그 위 또는 그들 주변의 무소신·무책임한 공직자들은 자기 개인의 이익을 위해 일을 하는가?

아니면 어떤 세력을 위해 일하기에 이렇게 타락했나?

국민의 안녕과 행복을 추구하고 공익을 우선시 한다는 공직자 윤리헌장 정신은 어디에다 팽개쳤는가?

이런 상황 하에서 그 나마 다행스러운 일은, 지난 달 31일 전국의 변호사와 교수 1천100명이 모여 '징벌적 손해배상을 지지하는 변호사 교수 모임'을 구성하여 국민들로 하여금 동 제도의 필요성을 인식 확산시키고 도입을 촉구하는 대국민 서명 운동에 나서기로 했다는 것이다.

 또한 20대 국회의원 당선자 설문조사에서 85% 응답자가 징벌적 손해배상제 도입에 찬성했으며, 97%의 응답자가 집단소송제 도입을 찬성했다 한다.
 그들이 국회에서 앞으로 '가습기 살균제의 흡입독성 화학물질에 의한 피해 구제에 관한 법률(안)'과 이들 법안을 하루빨리 재발의 통과시켜 피해자를 구제하고, 더 이상의 유사피해를 당하는 일이 없도록 국민 모두가 두 눈 부릅뜨고 지켜볼 일이다.

2016년 6월

제4부

**행복한 세상을
만들기 위해**

사회적 약자와 소외계층 그리고 고통 받는 모든 이들을 위해 "도움을 간청하는 이들을 밀어내지 말라."는 촌철살인의 한 마디를 던지기도 했다. <중략>

한반도 평화를 위해서는 "같은 말을 쓰는 한형제 나라인 남과 북은 '77번을 용서하라'는 예수의 말씀을 화해와 평화의 핵심으로 삼고 평화의 그 날이 올 때까지 새벽을 준비해가기 바란다."고 강론했다. <중략>

아시아 청년대회에서 청년들을 향해 '항상 깨어 있어라, 잠들어 있으면 기뻐하거나 춤추거나 환호할 수 없다'고 한 덕담은 비단 청년들뿐만이 아니라 우리 모두가 가슴에 새길 명언이리라.

「교황이 남긴 메시지」 중에서

교황이 남긴 메시지

교황 프란치스코께서 8월 14일부터 4박 5일의 일정으로 한국을 다녀갔다.

지금까지 살아오면서 개인적으로나 사회적, 국가적으로나 단시간에 이렇게 큰 영향을 준 인물은 본 적이 없다. 그 분이 방한기간 동안 우리에게 보여주었던 언행은 감동 그 자체였다. 세월호 사태와 정치권의 대립, 군 병사들의 가혹행위로 인한 사고 등으로 시름겨워하고 있던 우리 국민들에게 행복감을 주었다.

자신을 낮추는
몸에 밴 자세

우선 '낮은 데'로 임하는 그의 실천적 태도는 몸에 밴 것이라 꾸밈이 없이 너무나 자연스러웠다. 1791년 신해박해와 1801년

신유박해 등 종교박해로 무고하게 희생되었다가 이번에 복자로 추대된 124위의 시복식諡福式에서나, 충북 음성 꽃동네 방문 등 모든 행사나 오가는 여정에서 그는 지나친 의전을 일체 사양했다. 손가락 빠는 아이 입에 자신의 손가락을 넣어주며 천진하게 웃는 모습은 그 자체가 자비행이었고 우리의 기억 속에 영원히 잊히지 않을 한 폭의 그림이었다. 심지어 장애우들의 공연은 의자도 마다하고 선 채로 관람하였다.

자신을 낮춤으로써 상대를 배려하고 스스로 고귀해지고 세상의 존경을 받는 산 증인이었다.

**도움 간청하는 이들을
밀어내지 말라**

일본군 종군위안부 할머니들의 손을 잡고 고귀함을 간직하셨다며 국민적 자존심을 일깨워 주었고, 세월호희생자 유족들에게는 단독 세례와 함께 직접 쓴 편지와 묵주를 전하며 진심어린 위로를 전했다. 중립성 훼손 운운하며 노란 나비 리본을 떼는 것이 어떠냐는 누군가의 건의에 "세월호 유족들의 고통 앞에서 중립을 지킬 수 없었다."며 리본 떼기를 거부한 것은 진정한 용기였다.

사회적 약자와 소외계층 그리고 고통 받는 모든 이들을 위해 "도움을 간청하는 이들을 밀어내지 말라."는 촌철살인의 한 마디를 던지기도 했다. 또한 부자로 살아가는 수도자들의 위선이 신자들의 영혼에 상처를 입히고 고통을 준다고도 했다.

지금 우리나라 곳곳에선 권력과 지위 그리고 부의 폭력 앞에서 고통과 희생을 강요당하는 이들이 너무나 많다. 그렇다는 것은 우리들이, 입만 열면 약자와 소외된 이들을 위해 뛰겠다던 많은 정치인들이, 종교인들이, 자신들은 딴 세상에서 살며 그들의 고통을 애써 외면한 채 위선을 떤 결과가 아닌지 점검을 하게 만들었다. 교황이 약자들을 위해 몸소 보여준 진정한 용기와 실천은 우리 모두에게 자신을 반성하게 하고 성찰하게 하는 귀감이었다.

남과 북, 한형제 끼리는
77번 용서해야

한반도 평화를 위해서는 "같은 말을 쓰는 한형제 나라인 남과 북은 '77번을 용서하라'는 예수의 말씀을 화해와 평화의 핵심으로 삼고 평화의 그 날이 올 때까지 새벽을 준비해가기 바란다."고 강론했다.

최근 몇 년을 되돌아보면 남과 북의 긴장관계로 사회가 불안하고 군부대에선 이런저런 사고가 끝없이 이어지고 있다. 이런 때에 77번 용서하는 마음으로 남북문제를 풀어나가면 갈등해소와 함께 새로운 상생의 길을 찾을 수 있지 않을까. 원산이나 나진, 신의주 등에 공단을 설치하여 북한주민을 고용하고 북한경제를 견인하는 것이나, 남북도로나 철도를 연결하여 부산에서 유럽까지 연결하여 세계인의 관광과 물류를 선도하는 것 등은 상상만 해도 즐겁지 아니한가.

우리 모두에게 던진 화두
"항상 깨어 있어라"

일상에서 우리는 매순간 많은 실수를 되풀이 하고, '다음엔 안 그래야지' 하는 반성을 한다. 그리고 항상 준비하지 않거나 정신이 '깨어' 있지 않다가 기쁨을 놓치고 같이 환호할 기회를 놓치는 경우가 종종 있다.

아시아 청년대회에서 청년들을 향해 '항상 깨어 있어라, 잠들어 있으면 기뻐하거나 춤추거나 환호할 수 없다'고 한 덕담은 비단 청년들뿐만이 아니라 우리 모두가 가슴에 새길 명언이리라.

일정이 끝나 교황은 갔지만 그가 남긴 흔적과 실천과 말씀들은 종파를 초월해 우리들 모두의 가슴속에 오래도록 감동으로 남아 있을 것이다.

2014년 8월

아베 일본총리
과거사 인식,
문제 있다

2015년 8월 14일 일본의 아베총리가 담화문을 발표했다.

우리나라를 비롯해 중국·필리핀·인도네시아 등 많은 아시아 국가들뿐만 아니라 미국·유럽 가히 전 세계인들이 일찌감치 그의 담화내용을 예의주시해 왔다.

그 이유는 2차 세계대전 종전 70주년을 맞아 제국주의 일본이 한국을 비롯한 많은 아시아 국가들을 무력으로 강제침략하고 병탄 및 잔혹한 식민지배로 피해국 국민들에게 씻을 수 없는 고통을 주었기 때문이다. 전 세계인들은 아베가 가해국인 일본의 총리로서 피해국 국민들에게 진심어린 사과를 하여 오랜 세월 맺힌 응어리를 조금이나마 풀어주고 역사의 한 단락을 마무리하길 바랐을 것이다.

그래서 금년 3월 일본을 방문했던 메르켈 독일총리도 정상회담 후 공동기자회견에서 "가해국과 피해국 사이의 진정한 화해를 위해서는 과거사 정리가 필요하다."며 일침을 놓고 "일본은 주변 피해국과의 화해를 위해 역사를 직시하라."고 촉구했다.

그러나 아베의 담화내용은 진정성도 알맹이도 없는 지극히 형식적인, 말장난에 불과했다. 그는 주어가 없는 애매모호한 화법을 구사하여 진정성을 결여하였으며, 주체가 없는 표현으로 역사사실을 서술 나열하며 가해국인 일본의 책임을 회피하려 했다. 또한 아시아 열국들을 침략하고 식민지배하여 고통을 준 것을 '일본의 외교적, 경제적 교착상태를 해결하기 위한 무력행사'로 교묘하게 돌려 이 역시 책임회피에 방점을 찍었다. 또 러일전쟁을 일으켜 승리한 후 한국의 외교주권을 박탈한 을사늑약을 강제로 체결하고 합병으로 몰아갔음에도 불구하고, "러일전쟁이 아시아·아프리카 국가들에게 희망과 용기를 주었다."고 말하는 후안무치함까지 드러냈다. 또 "전쟁 중에 존엄과 명예에 상처를 준 여성들이 다수 있었다."라는 말로 총칼로 위협하여 강제로 끌고 가 자기네 군인들의 성적노예로 삼았던 위안부 문제를 어물쩍 넘어가려는 비겁하고 교묘한 술수를 부렸다. 또한 "지난 전쟁에서 300만 명의 동포들이 목숨을 잃었으며, 히로시마·나가사키에 원폭투하와 도쿄 등 도시 폭격, 오키나와 지상전으로 많은 사람들이 무참하게 희생되었다."라며 일본인의 피해를 강조하는 대목은 적반하장의 극치를 이루었다. 심지어 그는 일본 인구의 8할이 넘는 전후세대에게 앞으로 더 이상 선조들의 침략행위에 대해 사과할 숙명을 지워서는 안된다는 말을 함으로써 후세에 그릇된 역사인식을 심어주는 엄청난 잘못을 저질렀다.

아베의 이런 망발에 미국 하원 외교위원장 에드 로이스는 "진정성 없는 책임회피 담화에 심히 유감스럽다."라며 혹평을 하였다. 또한 그는 "일본은 피해국민들에게 진정한 사과를 하지 않아 화해의 기회를 날려버렸다."라고 아베 담화를 비판하였다.

중국도 외교부 성명과 관영 신화통신을 통해 "아베의 물타기 사과는 진정성이 없다."며 강력히 비판하고 나섰다.

또 지난 날 아베정부의 과거사 왜곡시도에 반대해 지난 2월 미국 역사학자들의 집단성명을 이끌었던 동북아 전문가인 알렉시스 더든 코네티컷대 교수는 "아베는 일본의 사죄가 더 필요치 않다 했지만, 사죄는 피해자들이 충분히 받아들일 때만 가능한 것."이라고 말했다. 또 그는 중국을 견제하기 위해 한국과 일본이 과거를 묻어두고 협력해야 한다는 미국 내 주류적 견해를 두고 '웃기는 얘기'라며, "아베와 그 측근들의 견해가 중국의 반일 민족주의에 기름을 부어 동북아를 위험하게 할 수 있다."고 경고했다.

그런데 극심한 피해국인 한국의 대통령은 8.15 경축사에서 "아쉬운 부분이 있지만 진정성을 지켜보겠다."라며 일단은 수용한다는 취지로 말했다.

과연 아베담화의 진정한 의도를 제대로 이해하고 한 발언일까? 또 국민정서를 제대로 파악하고 한 발언인지 궁금하다.

어쨌든 아베의 이번 담화는 일본이 아직도 주변 피해국들과의 화해와 소통에 진정성이 없다는 것을 웅변으로 입증했다. 또한 이와 더불어 전후세대로 하여금 더 이상 사죄하지 않게 유도한 것이 과연 일본의 미래에 어떤 영향을 줄지 지켜볼 일이다.

2015년 8월

세상사
마음먹기에 달렸다

흔히 세상 모든 일은 마음먹기에 달렸다고 한다.

신라 진덕여왕 4년인 서기 650년, 33살의 청년 원효와 25살의 의상은 의기투합하여 함께 당나라로 구법의 길을 떠났다. 비를 피해 하룻밤 토막에서 묵던 중 잠결에 목이 말라 그렇게도 시원하게 마셨던 감로수가 아침에 일어나 보니 해골에 담긴 물일 줄이야. 그 순간 원효는 모든 갈등과 의혹에서 벗어나는 깨달음을 얻는다. 이름 하여 일체유심조一切唯心造다.

최근 어느 방송의 건강 100세 프로그램에 출연한 의사들이 놀라운 이야기를 전했다. 일 즉, 노동을 하더라도 즐거운 생각으로 하면 엔도르핀이 솟아나고, 운동을 하면서도 기분 나쁜 상태로 하거나 억지로 하면 몸에 해로운 호르몬이 생성된단다.

이와 비슷한 맥락에서, 환자들이 특별한 약효가 없는 약을 먹더라도 '치료를 받고 있다'라고 믿으면서 약을 복용하면 실제로 증세가 호전된다는 '플라시보 효과'도 의학계에서 인정되고 있다. 이를 의학적으로 증명해낸 사람이 있다. 이스라엘 티코네스 병원의 캐스린 홈 박사팀은 플라시보 효과를 일으키는 특별한 유전자변이가 있다는 사실을 알아냈다. 또 플라시보 효과를 강화시키는 유전자변이 후보군을 찾아내어 이들을 '플라시봄 placebome'이라 이름 붙였다. 그들은 도파민, 세르토닌 등의 호르몬이 플라시보 효과에 영향을 미친다는 연구도 해냈다. 이 때문에 제약업계가 일찍부터 골머리를 알아왔다고 한다.

어떤 선각자도 "현실 자체에는 '행'도 '불행'도 없으며 모든 것은 자기 자신의 마음먹기에 달렸다."고 한다.

우리는 주변에서 역경을 이겨내고 영광의 자리에 오르거나, 난치병에서 완쾌하여 건강을 되찾은 사례들을 수도 없이 봐오고 있다. 영국의 우주물리학자인 스티븐 호킹(73세) 박사는 21세 때부터 루게릭병에 걸려 현재까지 휠체어를 타지만, 세계적인 연구업적과 『시간의 역사』 등 많은 명저를 남겼다.

또 서울대학교 의과대학 병원장을 역임한 한만청(81세) 박사는 10년에 걸쳐 간암·폐암·방광암과 싸워 이겨 완치판정을 받았고, 지금은 전국 청소년들을 대상으로 역사만화 보급운동을 왕성하게 펼치고 있는 중이다.

성경말씀에도 "너희가 하나님의 성전인 것과 하나님의 성령이 너희 안에 계시는 것을 알지 못하느냐."(고·전 3:16)라는 구절이 있다. 자신의 종교가 불천기불교·천주교·기독교 줄임말라는 어떤 이가 이 구절의 의미를 "주님은 사람이 지은 성전에 있는 것이 아니라 자신의 마음속에 강림하시고 성령을 잉태하신다."라고 해석하는 것을 들었다.

이렇듯 세상만사가 마음먹기에 달렸다는 것은 종파를 떠나 가히 진리라 할 것이다.

요즘 취업과 결혼 출산의 사회적 어려움으로 인해 이를 포기한 청년세대를 일러 '3포 세대'라 하는데, 나아가 5포, 7포란 말까지 들린다. 기성세대의 한사람으로서 작금의 사회현상을 막지 못한 것에 대한 책임과 젊은이들에 대한 미안한 마음이 앞선다.

30여 년 전을 되돌아보자.

그때도 취업난이 있었고 신혼부부들은 반지하방이나 단칸방 내지는 방 2칸에 숟가락 2개 냄비 하나로 신혼을 출발하는 것이 다반사였다. 또 그러한 출발에 별 주저함이 없었다. 직장도 손꼽을 정도의 대기업 몇 개와 대부분의 중소기업들 그리고 그 축에도 못 끼는 크고 작은 공장에 취직하면서도 인생설계만은 나름대로 알뜰하게 했던 것 같다. 그랬던 그들 삶의 에너지가 모여 이 나라를 발전하게 하는 원동력이 되었을 것이다.

세계 11위권으로 도약한 대한민국의 성장과 발전으로 사회 모든 분야의 수준과 개인의 의식수준 역시 상당히 높아졌다. 그리고 다양화한 대중매체와 SNS의 엄청난 발달로 정보공유와 기대심리 또한 엄청 높아진 것도 사실이다. 그리하여 '남들은 이러한데 나도 이 정도는 돼야지' 하는 비교심리가 팽배하여, 평균

이하라고 느끼는 부분에서 대해선 이전 세대보다 상대적 열등감을 더 느끼고 있을 수도 있다. 그러다보니 혹시 타인과의 비교 심리만 날로 키우고 자기를 돌아보는 일에는 익숙하지 않거나 게을러진 것은 아닐까?

살아가면서 수없이 겪고 느끼는 것인데, 사람들은 일반적으로 남의 일에 별 관심이 없다. 거울 앞에서 그렇게도 공들인 나의 헤어스타일이나 화장 또는 옷차림을, 특별한 관계에 있는 일부를 제외하고는 무엇이 특별한지, 무엇이 달라졌는지 전혀 눈치채지 못할 뿐 아니라 관심도 없다는 것이다. 설사 반응을 보인다고 해도 별 생각 없이 지나가듯 한마디 툭 던지는 의미 없는 남의 반응에 대비하기 위해 그렇게 마음 쓰고 공들이고 신경 써야 하는 걸까? 배우자의 선택에서부터 집장만, 가구, 신혼여행지 기타 등등을 나와 배우자의 형편과 취향에 맞추고 그에 만족함이 진정으로 즐거운 일 아닐까?

종교적 구도자들도 기도와 묵상 또는 참선 중에 수없이 달아나는 '어떤 놈'을 각자의 화두로 붙잡아 두려고 애를 쓰는데 그 달아나고, 붙잡고 하는 그 놈이 바로 '마음'이라 한다. 그렇게 붙잡아 화두에 매달리게 하고 끊임없이 자기를 되돌아보는 일을 '마음공부'라 하는 모양이다.

하늘이 높푸르고 공기도 청량한 가을날을 맞아 오늘을 살아가는 '아픈 청춘'들에게 다시 한 번 꼭 전하고 싶은 말은 '세상만사 마음먹기'와 '천리 길도 한 걸음부터'란 평범하면서도 변하지 않을 진리의 말씀이다.

    타인과의 비교에 너무 가슴 아파 하지 말고, 내가 할 수 있는 일을 찾아 부단히 노력하여 그 분야의 고수가 되면 어느새 '세상살이의 고수'가 되어 있는 자신을 발견할 것이다.

    설사 고수가 아니면 또 어떠한가.

2015년 10월

메르스와
청와대
위기대응능력을 길러야

중동호흡기증후군MERS: 메르스 바이러스 감염전파로 인해 온 나라가 혼돈에 빠졌다.

2015년 6월 22일 현재 전국적으로 확진 172명, 사망 27명, 검사 중 37명, 격리자 4,035명으로 지난 달 5월 20일 발병확진 이후 그 수가 점점 증가하고 있다. 그 동안 메르스 청정지역이라던 대구 경북도 지난 12일 포항 기계에 이어, 16일에는 대구 남구에서도 최종 확진환자가 1명 발생했다.

유사 호흡기 질병인 2003년도의 사스SARS 때는 세계보건기구WHO가 선정한 전 세계적 모범방역국가였던 우리나라가 이번에는 왜 이렇게 초기대응이 미숙했는지 의문이다. 왜 중앙정부와 질병관리본부 그리고 의료기관들이 쉬쉬하며 부실 늑장 대응하다가 일을 크게 만들고, 감염된 환자들도 조심하지 않아 이렇게 걷잡을 수 없는 사태에까지 이른 것일까?

지난 해 세월호 사태와 이번 메르스 사태의 대응을 지켜보자니, 아무리 생각해도 '국가최고지도자인 대통령과 그 측근들의 위기대응 및 위기관리능력에 문제가 있어서 그러하다'는 것과 '재벌' 외에는 달리 떠오르는 답이 없다. 300여 명의 학생이 사망한 세월호 사태 때도 소위 구조 골든타임을 지나 7시간이나 사라졌던 대통령. 불과 1년 후의 메르스 사태 때도 최초 발병확진 후 10여 일이나 지난 후에 언론에 등장한 대통령의 주 관심사는 국회법과 '정적(?) 누르기'이었지 메르스 대응은 아니었다.

급기야 야당소속 서울시장이 심야 기자회견을 통해 심각성을 알리는 지경에도 이르러서도 '독자적인 대응으로 혼란을 초래하지 말라'는 위기의식과 전혀 엉뚱한 말씀을 하지 않나……. 거기에다 해당 주무부서인 복지부의 장관은 그때까지도 메르스 확진 및 감염 경유병원들을 밝히지 않겠다는 정말 '턱도 없는 소리'를 해대었다.

도대체 이 정부의 최고 선은 무엇이고 과연 누구를 위해 존재하는가?

소수 재벌의 보호자인가 아니면 대다수 국민의 생명과 재산을 보호하기 위해 존재하는가?

왜 우리 국민은 이런 원초적이고 기본적인 질문을 계속해야만 하고, 그럼에도 불구하고 그 답도 제대로 듣지 못하는가?

1년이 지났지만 세월호 사태는 정확한 원인도 규명하지 못하고 책임도 제대로 지지 않았다. 세월호 침몰 원인을 수 십 년간

쌓였던 적폐 탓으로 돌리고 그것을 청산하겠다던 대통령을 믿었던 유가족들의 한은 깊어만 간다. 또한 그 말을 믿고 지켜보고 있는 국민은 가슴이 답답하고 까닭 없이 미안하고 분노가 치밀어 오른다.

그렇다면 지난 1년간 무슨 적폐를 어떻게 청산했는가?

엄청난 살상력이 있다는 '살아있는 탄저균'이 민간배송업체를 통해 국내로 반입되는 배달사고가 났는데도, '사전에 그 사실을 전혀 몰랐던' 청와대나 외교, 국방 또는 보건복지부 어느 한 곳도 국민들께 진정어린 사과를 하지도 않았다. 나아가 미군과 미국정부를 향해 국민 속을 시원하게 대변하여 강력한 항의와 재발방지를 위한 다짐조차도 제대로 받지 못한다.

이러고도 정부고 국가인가?

만일 메르스 확진초기인 5월20일 경에 그 심각성을 인지하고 10년 전에 만들었다던 질병관리매뉴얼대로, 절차대로, 제대로만 대응했더라면, 또 정보를 온 국민과 함께 공유했더라면, 다른 감염자들처럼 대구의 '그 공무원'도 27일~28일 삼성서울병원에 갔을까?

갔더라도 예방조치를 안하고 감염되었을까?

감염가능성을 알았더라면 6일 동료직원들과 회식을 했을까?

물론 그 뒤 그의 행보는 많이 잘못되었다. 보건복지부는 7일 아침에서야 비로소 문제의 병원이 삼성서울병원임을 밝히면서, 그것도 그 병원이 피해를 입을까 걱정했다. 십 수 일 간 쉬쉬하며 병원만 지켜주고 국민을 배신했던 무지몽매한 장관들과 공무원들 탓에 사정을 모르고 삼성서울병원을 찾은 수 천 수 만 명의 환자와 가족들이 메르스에 노출되는 위험에 빠지고 그사이 피해는 전국적으로 확산되어갔다.

대통령의 시선이 어디에 머무르고 주요관심이 어디에 있는지를 누구보다 잘 아는 참모들이나 공무원들이 이번 사태대응은 왜 이렇게 했을까?

박대통령은 야당은 물론 자신을 대통령에 당선시켰던 다수 여당세력도 믿지 못하고 그들도 견제 대상으로만 생각하고 사사건건 견제하고 옥죄느라 국정에 집중하지 못한 탓은 아닌지, 여야를 초월하여 자신을 보좌하여 국정을 함께 이끌어갈 총리를 널리 그리고 두루 찾지 못하고 집권임기 반이 지나도록 자기 틀에만 갇혀 우왕좌왕하는 하고 있지는 않는지 의심하지 않을 수 없다.

이를 지켜만 보며 답답해하던 국민들도 이쯤 되면 "청와대에선 도대체 무슨 생각하고, 뭐하고 있나?" 묻지 않을 수 없다. 그 많은 비서와 참모진들은 도대체 어떤 철학을 가졌기에 대통령이 이토록 만신창이가 되도록, 각종 매스컴에서 비아냥대고 조롱받는 패러디 대상으로 전락하도록 밖에 보좌하지 못하는가?

상황만 발생하면 처음에는 무조건 방어막과 보호막만 치는 것이 훌륭한 보좌가 아님을 잘 알고 있을 텐데 왜 그러고들 있는지 도무지 알 수가 없다. 한때는 '강단 있고 원칙 있던 정치인 박근혜'를 왜 이렇게 '참 무능한 대통령'으로 만들고 있는지……

'비선의 금도'를 넘어 자기들이 여당을 제쳐두고 1등공신이라 생각하고 행동하는 것은 아닌지? 박 대통령은 레임덕이라는 말에 지레 겁먹고 당선시켜준 160명의 국회의원 동지들이 부담스러워진 건 아닌지? 아니면 '그 얼라들'의 말만 믿고 매스컴에 오르내리는 그 많은 충고와 조언들을 외면하고 있는 것은 아닌지?

어쨌든 그 모든 책임은 대통령 자신에게로 돌아간다.

여야를 초월하여 널리 그리고 두루 인재를 구하거나 답을 찾기 어려우면, 다른 생각 섞지 말고 가까이 있는 동지인 여당 국회의원들과 머리 맞대고 상의하고 함께 가십시오.

지금 국회법 거부권 같은 지엽적인 문제에 매달릴 것이 아니라 역량을 총결집하여 메르스 퇴치와 화합과 안정으로 흩어진 민심을 아울러야 할 때입니다.

대통령님! 이 나라 국민들이 좀 편안하게 지낼 수 있으면 좋겠습니다.

2015년 6월

호국의 달에
보은을 생각하다
6·25의 시대적 배경과 폐해

1950년 6월25일 한국동란이 발발한 지 어언 62주년이 지나간다.

그 이전 우리 민족은 잔혹한 일본제국주의의 식민지배 아래에서 40여 년 동안 혹독한 착취와 핍박을 받아왔다. 일본과 독일, 이탈리아 등 이른바 주축국들은 인근국가 및 전 세계를 상대로 침략지배 전쟁, 즉 2차 세계대전을 일으켰다. 이에 대항한 전 세계국가들과 미, 영, 소, 중 등 연합국들의 승리로 2차 대전은 막을 내렸다. 일본제국주의의 침략과 수탈을 당한 우리나라 동남아제국은 물론 독일과 이탈리아의 침략을 당한 유럽 국가들과 아프리카 여러 나라들의 참상은 이루 말할 수 없을 만큼 컸다.

2차 대전 종료 직전인 1943년부터 미, 영, 소, 중 등 주요 전승국들은 패전국들을 어떻게 처리할 것인가와 피지배국가들의 독립문제 등을 위해 카이로, 테헤란, 얄타 회담 등을 열었다. 또한 1945년 7월에 열린 포츠담회담에서 결정적으로 한국의 독립문제와 38선을 경계로 미, 소 양국이 잠정적으로 분할지배하기로 했다.

1945년 8월 15일 해방 이후 한반도에서 통일정부수립을 위해 노력하던 중 동년 12월 모스크바에선 미, 영, 소 3국 외상들이 모여 한국에 대해 신탁통치를 결의하였다. 이에 처음에는 남북한 공히 신탁통치를 반대하였으나(반탁), 소련의 영향 하에 있던 북측은 얼마 후 찬성으로 돌아섰다(찬탁). UN에서는 한반도에서의 독립국가 성립을 위해 UN의 감시 하에 남북한 총선거를 결의하였으나, 인구가 적은 북측은 UN의 입국을 저지하였다. 이에 남한에서는 단독으로 1948년 5월 10일 총선거를 실시하여 같은 해 8월 15일 남한정부가 들어섰다. 그 후 이북에서는 1949년 9월 9일 북한정부가 성립하여 각기 친미와 친소의 길을 걷게 되었고, 이로써 한반도는 좌우 이념대립이 시작되게 되었다.

1950년 1월 한반도와 대만을 미국의 태평양방위선에서 제외한다는 미국 애치슨 국방장관의 발표가 있자, 이를 미국의 한반도 불개입선언으로 오판한 소련의 지원을 받아 북한이 남침을 감행했다. 한반도가 일본의 압제로부터 해방된 지 5년 만에 방방곡

곡이 또 다시 전쟁의 참상과 폐허 속으로 빠져들게 된 것이다.

그렇게 시작된 6·25 전쟁에 우리나라와 국민은 너무나도 크고 깊은 상처를 입었다. 수십만 명의 군인들이 사망하거나 부상을 입었고 수백만 명의 동포들이 고향을 잃고 부모형제, 아들딸과 생이별의 아픔을 겪는 이산가족이 되었으며, 삼천리금수강산은 피로 물들여진 채 갈가리 찢겨져야 했다.

또한 우리 자유대한을 공산주의로부터 지켜주기 위해 달려왔던 미국, 영국, 프랑스, 네덜란드, 캐나다, 호주, 뉴질랜드, 터키, 그리스, 에티오피아, 스위스, 룩셈부르크, 벨기에, 남아프리카공화국, 필리핀, 타이 등 16개국에서 달려온 수십만 병사들과 간호병들의 희생과 봉사도 막대했다.

제대로 보은할 줄 아는
국가와 국민 되어야

그때 참전했던 용사들 중 많은 분들이 이제는 사망했고 유가족들이 그들을 기리며 살고 있다. 그때 앳된 얼굴로 참전했던 학도병들도 이젠 팔순 고개를 넘고 있다.

해마다 호국보훈의 달 6월이 되면 온 국민들이 60여 년 전 그 당시를 생각하며 호국영령들과 생존해 있는 참전용사들께 감사하고 숙연한 마음이 된다.

지난달인가, 우리는 TV에서 60년 만에 조국의 품으로 돌아오는 12구의 환송 참전용사 유해를 맞이하기 위해 직접 공항에 나가 경례하는 대통령을 보고 가슴 뭉클해 한 적이 있다.

이제 우리 대한민국도 세계 10위권의 경제와 무역을 자랑하는 나라가 되어가고 있다. 공산주의에 맞서 자유 조국을 지키려던 그 분들의 용감한 정신과 희생이 없었다면 어찌 이런 영광과 발전의 날이 있었겠는가. 국가는 그 동안 참전용사와 그 가족 또는 유가족들을 꾸준히 돌보려고 노력해 왔다.

그러나 아직도 미흡한 부분이 너무 많다. 참전용사 월 수당이 12만 원밖에 되지 않는다. 그 분들 중에는 본인이나 자녀들의 노력으로 윤택한 생활을 하는 경우도 많을 것이다. 그러나 열악한 환경 속에서 겨우 연명해가는 이들의 참혹한 현실이 이따금 매스컴을 통해 보도될 땐 가슴이 답답하고 아파온다.

국가나 지방자치단체가 수동적으로 신청을 받아 찾으려하지 말고 적극적으로 이·통·반장 등 모든 공조직을 동원해 이들을 찾아내어 수적으로나 연령적으로 얼마 남지 않은 그분들의 생애를 편안하게 보살펴야 한다. 그것이 국가나 자치단체가 해야 할 중요한 일 중 하나다.

무슨무슨 민주화투쟁에 참여했던 이들에 비해 터무니없이 적게 지급해온 월 수당액도 대폭 인상해야 할 것이다. 노인요양원 같이 보이는 집단시설의 보훈원에서 뿐만 아니라 원하는 경우 자녀들과 같이 살 수 있도록 주택과 의료보호 등 충분한 지원도 해주어야 마땅하다. 그것이 그 동안 국가발전과 성장을 위해 묵묵히 참고 조국 발전에 앞장섰던 그 분들의 명예를 조금이나마 지켜드리는 것이고 자라나는 후손들에게는 산교육의 장이 될 것이다. 그렇게 할 때 누구나 국가가 위급상황에 처했을 때 기꺼이 현장으로 달려가는 것을 자랑스럽고 명예롭게 생각하며 앞다투어 나갈 것이다.

또한 시선을 밖으로도 돌려 풍전등화의 순간에, 동방의 조그만 나라 코리아를 돕기 위해 UN의 이름으로 기꺼이 달려와 주었던 16개 참전 국가들과 그 국민들에게도 보은의 지원을 해야 한다. 그들 나라를 포함한 다른 저개발 및 개발도상 국가들에 경제지원뿐만 아니라 우리의 우수한 IT, 의료, 문화, 새마을운동을 바탕으로 한 국민정신강화운동 및 경제발전 사례 등을 아낌없이 전해주어야 할 것이다.

그것이야 말로 우리나라와 민족이 일제의 핍박을 당했던 100여 년 전부터 국제사회로부터 입었던 수많은 은혜들에 대한 진정한 보답이요, 지구는 한가족이라는 시대정신에도 부합하는 일이라 하겠다.

또한 그것이 후손에게 물려줄 자랑스럽고 건강한 정신문화유산의 본질이 될 것이다.

2012년 7월

민주화의 큰 별, 김영삼 전 대통령 서거를 애도하며

1970~80년대 군부독재시대에 항거하여 민주화투쟁에 앞장섰던 김영삼 전 대통령이 2015년 11월 22일 향년 88세의 일기로 별세했다.

김 전 대통령은 1954년, 25세 약관의 나이로 국회의원에 당선되어 최연소 기록과 최다선(9선) 국회의원의 기록을 보유하고 있다. 또한 군정종식 대통령, 역사바로세우기를 통한 전두환·노태우 두 전직대통령을 감옥에 보낸 대통령으로 기록되고 있다.

고인은 특히 유신독재시절 군부의 혹독한 탄압에도 의연한 결기로 맞서면서 고 김대중 전 대통령과 함께 이 나라 민주화운동을 이끌었다.

1979년 8월, 당시 정권의 비호를 받으며 회사자금을 외국으로 빼돌린 YH무역으로부터 임금을 받지 못한 회사 여공들의 임금지

불요구투쟁을 경찰이 폭력으로 무자비하게 강제 진압하여 여성 근로자 한 명이 사망하고 수십 명이 부상당한 사건이 있었다YH여공사건. 이때 여공들에게 신민당사를 제공하였다는 이유와, 미국 뉴욕 타임즈와의 인터뷰 시 미국은 폭력적인 박정희 유신독재정권을 지지하지 말라고 주장 하였다는 이유로, 야당총재이던 고인을 여당이던 공화당과 유정회가 헌정사상 최초로 국회의원 제명을 의결하였다.

이는 부산 경남시민들의 엄청난 저항을 불러일으켜 10월 부마항쟁과 10·26사태로 연결되는 단초가 되었다. 이때 그는 "닭 모가지를 비틀어도 새벽은 온다."며 독재정권에는 경고를, 국민들에게는 희망을 주기도 했다.

1983년 5월 5·18광주항쟁 3주기를 맞아 김 전 대통령은 민주화 5개 선언과 동시에 무기한 단식농성에 돌입하였다. 언론 사전검열로 국내신문, 방송에는 소위 '현안시태'로만 보도되고 해외언론의 집중 주목을 받았던 목숨을 건 23일간 단식투쟁의 정신과 결과는 1987년 6·10항쟁과 6·29선언 및 개헌으로 귀결된다.

고인은 1990년에는 '호랑이를 잡으려면 호랑이 굴로 들어가야 한다'며 자신이 이끌던 통일민주당과 정적관계였던 민정당·공화당과 3당 합당을 해 민자당을 창당하여, 1992년에 제14대 대통령에 당선되었다. 이로써 30여 년 이어져 오던 군부정권을 종식시켰다. 이를 두고 혹자는 '대승적 결단'이라기도 하고, 또 다른 이는 자신의 야망을 위해 민주세력을 약화시킨 '정치적 야합'이라 평하기도 한다.

대통령 재임시절 고인은 전광석화처럼 신속하게 군부 내의 정치군인들 모임이었던 '하나회'를 숙청 해체하였으며, '금융실명제'를 전격 단행하여 자금거래나 이동을 투명화하는 업적을 남겼다.

1995년에는 민선단체장 선거를 실시하여 지방자치제를 완성시켰으며, 우리나라를 선진국 클럽이라는 세계경제협력개발기구 OECD에 가입시켰다.

그러나 차남이었던 김현철 씨의 정치개입으로 대표되는 측근들의 비리와, 임기 말인 1997년 외환위기로 인한 IMF사태로 민주화 달성 등의 여러 업적들이 빛바래기도 했다.

무릇 개인에 대한 공과는 사후에 제대로 평가되는 것 같다. 김 전 대통령은 본인 스스로 IMF를 막지 못한 책임을 통감한다 하여 모든 책임을 자신에게 돌렸다. 그로 인해 이제까지 민주화 쟁취를 비롯한 훌륭한 많은 업적들이 제대로 평가받지 못했고 역대 대통령 평가에서도 항상 밑자리에 맴돌았다.

그러나 IMF사태는 거대한 외국투기자본의 공격적 책동과 이에 기업들과 금융권 그리고 정부관료가 종합적으로 제대로 대응하지 못해 일어난 경제위기로 이해되고 있다.

이제 그가 떠난 지금에라도 공과가 재조명되고 제대로 된 평가를 받았으면 한다.

정부는 고인의 장례를 법률에 따라 '국가장'으로 치르기로 하고 서울시청 앞 광장과 자치단체별로 분향소를 설치하여 일반인들이 추모 분향할 수 있도록 조치했다.

    다시 한 번 고인의 빛나는 업적들을 기리며 하늘에서 편히 잠드시기를, 그리고 그가 평생을 바쳐 염원했던 이 나라의 민주주의가 제대로 발전하기를 기도해 본다.

2015년 11월

모교사랑과
지역사랑 정신을 이어가기 위해
자인초등학교 총동창회장에 취임하면서

　　존경하고 사랑하는 자인초등학교 총동창회 선후배회원님 여러분. 그리고 공사 간 바쁘신 데에도 불구하고 오늘 우리 자인초등학교 2016년도 신구 회장단 이취임식에 귀한 시간을 내어 참석해 자리를 빛내주신 내외귀빈 여러분.
　　여러분들의 귀하신 격려의 발걸음에, 참석하신 전 동창회원님들을 대신하여 제가 정중히 인사 올립니다.　 고맙습니다!

　　존경하는 내빈 그리고 선후배 동창회원 여러분.
　　개교 105주년의 유구한 역사와 일만삼천(13,000)여 명의 졸업생을 배출한 자인초등학교는 글자 그대로 역사와 전통에 빛나는 자랑스러운 모교입니다.
　　기라성같이 훌륭하신 수많은 선후배님들이 정관학재계, 문화

예술 및 체육계 등 각계각층에서 혁혁한 업적을 남기고 활동해 왔으며 현재도 활동하고 있습니다. 또한 자인뿐만 아니라 경산 그리고 인근 대구에서 지역사회를 지키면서 지역발전을 위해 오늘도 묵묵히 맡은 바 소임을 다하고 있습니다.

그럼에도 불구하고 부덕 불민한 저에게 총동창회장의 중책을 맡겨주신 데 대해 개인적으로 영광스럽게 생각하는 한편 막중한 책무를 어떻게 다해야할지 걱정이 앞섭니다.

총동창회 선후배님 여러분.
세상에 독불장군은 없다 했습니다. 더구나 어리석은 저 혼자는 아무 것도 할 수 없습니다. 선후배회원님 여러분 모두가 한마음으로 뭉칠 때 비로소 여러분 개개인과 동창회의 발전, 나아가 모교의 발전이 있을 것입니다.
어떻습니까, 존경하는 총동창 선후배님 여러분.
'우리 모두의 동창회'와 자인 그리고 모교의 발전을 위해 여러분의 지혜와 힘을 모아주시겠습니까?
고맙습니다. 그리고 감사합니다.

존경하는 선후배 회원님들의 뜻을 받들어 저는 신임회장으로서 다음과 같은 몇 가지 다짐을 드리고자 합니다.
우선 지난 1년 동안 동창회의 기틀을 튼튼하게 잡아주신 최기세 전임 회장님과 훌륭하신 역대 회장님들의 모교사랑과 지역사랑의 정신을 이어가겠습니다.

최기세 전임 회장님과 역대 회장님들의 노고에 감사의 힘찬 박수 부탁드립니다.

둘째, 저는 무엇보다도 동창회원 개개인의 발전과 선후배간의 친목도모에 앞장서겠습니다.

졸업 노랫말처럼 '앞에서 끌어주고 뒤에서 밀어주는', 선후배 간에 뜨거운 정이 흐르는 아름답고 돈독한 동창회의 가교역할을 하겠습니다.

나아가 전 동창회원님들의 지혜와 힘과 뜨거운 정이 한데 모여, 침체해온 우리 자인 지역발전으로 연결될 수 있도록 부족하나마 저의 열과 성을 다하겠습니다.

셋째, 국가사회 전체의 산업화와 도시화에 따른 이촌향도의 현상으로 2천여 명의 재학생을 자랑하던 모교가 지금은 겨우 전체 7~8학급으로 학생 수가 줄어든 심히 우려스러운 현실 속에 있습니다.

하지만 모교는 여러분께서 아시다시피 맑은 공기 속에 아름다운 교정과 넓은 운동장과 훌륭한 체육관을 갖추고 있습니다. 저는 모교의 발전방향을, 이런 장점을 살려 시대추세에 따른 중국어 등 외국어교육에 중점을 두고 예체능 소양을 고루 갖추는 초등 특성화학교, 모두가 오고 싶어 하는 강소학교로 발전토록 하는데 총동창회의 역량을 결집하고자 합니다.

여기에는 고문이신 역대 회장자문위원님들 그리고 무엇보다 모교 교장선생님의 열정적인 의지와 교육당국의 협조가 필요하리라 생각합니다.

여러분. 우리 김현동 교장선생님께 모교발전을 위해 더욱 힘써달라는 당부와 격려의 힘찬 박수 부탁드립니다.

끝으로 이상룡 수석부회장을 비롯한 총동창회 부회장단, 임원, 57회 이상칠 회장님 이하 각 기수별 회장단의 열정적인 노력에 감사드립니다. 또 항상 묵묵히 소임을 다하는 전유득 사무처장과 사무처 요원들의 노고에 감사드립니다.

늘 부족하고 못난 동기를 채찍질하면서, 한편으로는 물심양면의 지원과 격려를 아끼지 않는 사랑하는 58회 김용환 회장을 비롯한 동기생들께 진심으로 고맙다는 말씀을 드리며 인사를 마칩니다. 감사합니다.

2016. 2. 27

행복한 세상을
만들기 위해

 6·4 지방선거가 끝이 나고 우리 지역을 위해 열심히 뛰어줄 새 머슴들도 뽑혔다. 그 중에는 지난번에 이어 연임된 이도 있고 처음으로 선출된 이도 있다. 지역민의 일꾼으로 선택된 모든 분께 축하를 드리고, 시민을 위해 더욱 분발하여 열심히 일해 달라는 당부도 드린다.

 이번 선거는 4·16 세월호 참사의 후유증으로 인해 조용하고 차분하게 치러졌다. 전국적인 애도 물결 속에 '로고송'도 자제하여 선거가 차분하게 진행되어 앞으로도 그렇게 함이 바람직하겠다는 후담도 생겼다.
 세월호 사고는 우리 사회가 안고 있는 모든 부조리와 부패상을 그대로 드러낸 이른바 '한국사회의 종합병동'이 한꺼번에 터져 나온 것이었다.

종교의 탈을 쓰고 각종 불법과 탈법을 자행한 '유병언'이란 탐욕자가 소위 '해피아'와 '관피아'란 썩은 권력 기생충들을 매 단계마다 등에 업고 선박을 불법 개조하고 양심 없고 무책임하고 무능한 선원들을 비정상적으로 고용하여 승객과 선박의 안전을 뒤로 한 채 과적過積을 일삼으며 자기 주머니와 자기 살 길만을 찾은 결과로 빚어진 참극이었다. 거기다가 부패한 '해피아', '관피아', '국해의원國害議員'들의 권력 비호도 더해진 모양이다.

그리고 사고 수습은 초동대응단계가 가장 중요한데, 초동단계에서부터 최고결정권자까지 즉 첫 단계에서부터 끝까지 너무 허둥대고 미숙했으며 책임회피까지 하는 모습들을 적나라하게 보여줬다. 그러는 동안 꽃다운 학생들을 포함한 삼백여 명의 희생자와 실종자가 발생했으며, 그 과정을 지켜봐온 가족들과 국민들의 가슴은 만신창이가 되어야 했다. 그리하여 '전국민 우울증'이란 새로운 말도 생겨났다.

"만일 대통령이 사고 직후 '모든 것이 내 책임이다. 비용이 얼마가 들어도 좋으니 전원구조에 최선을 다하라' 했다면 결과가 어땠을까?" 하는 사후약방문死後藥方文은 앞으로 위난의 순간 모든 의사결정권자들이 새겨야할 경구警句가 되어야 할 것이다.

6·4 지방선거에서 나타난 민심은 묘하게 중립적이다. 전국적으로 보면 지방자치단체장과 지방의원 수가 어느 정도 균형을 이룬다.

대선 승리 후 집권한 지 1년반이 지나도 중요 대선공약도 거의 안 지키고, 총리나 장관인사에서도 난맥상을 계속 되풀이하고, 급기야는 세월호 참사가 터져도, 국민들은 잘 하겠다는 대통령과 여당에게 다시 한 번 기회를 준 것으로 보인다.

반면 야당은 전통적 약세지역인 대구와 부산에서 상당한 선전을 하는 성과를 올렸지만 아직 여러 측면에서 집권세력, 대안세력으로는 부족하고 미덥지 못하다는 평가다.

어쨌든 선거는 끝이 났다. 여당이건 야당이건, 승자든 패자든 선거에서 나타난 민심을 겸허히 받아들여야 한다. 나아가 승자는 넓은 아량으로 패자를 포용하고 위로해 주고, 패자는 결과에 승복하고 승자에게 축하와 격려의 박수를 보내자. 그리하여 4년마다 열리는 지방선거가 진정한 축제의 장이 되게 하고, 하나된 모습으로 지역과 국가발전, 시민과 국민이 진정으로 행복해 하는 세상을 만드는 초석으로 삼자.

잠시 눈을 돌려 보면, 휴전선 너머 우리의 반쪽인 북한 주민들의 참상과 미욱한 그 지도자들의 행태, 침략전쟁을 일으켜 수십 수백만의 인명을 빼앗고 갖은 악독한 짓들을 저지르고도 과거사에 대한 반성은커녕 끊임없이 독도야욕을 일삼는 일본, 십수억의 인구로 세계경제를 블랙홀처럼 빨아들이는 한편 동북공정의 이름으로 고대조선·고구려·발해·백제 등의 역사를 지우고 만주와 간도 땅을 영구 지배하려는 중국, 그 위에 러시아 그리고 이미 IMF사태로 겪어본 냉엄한 국제사회 등 주변 어디를 둘러봐도 호락호락한 곳이 한 군데도 없다.

　상황이 이럴진대 이 나라, 이 땅에서 살을 부대끼며 공동체로 살아가는 우리끼리 서로 등을 돌리고 척을 지며 살 수는 없다. 아니 이제 우리 모두가 합심하여 더 좋은 세상, 더 좋은 사회, 더 행복한 세상을 만들어야 하지 않겠는가.

　행복한 세상을 만들기 위해서는 지역·사회·국가의 모든 구성원들이 가슴을 열고 한마음, 한뜻으로 지혜를 모아야 한다. 지역과 여야를 초월하고, 대기업과 중소기업, 고용주와 피고용자, 가진 자와 못가진 자, 힘센 자와 약한 자 모두가 서로 간에 맺혔던 구원을 풀고 화합으로 상생의 길을 향해 가야한다.

　승자만이 지배하는 세상이 되어서는 안 된다. 대기업만이, 고용주만이, 가진 자만이, 힘센 자만이 존재하는 세상은 존재할 수 없지 않은가?

　행복한 우리 지역, 행복한 우리 사회, 행복한 국가 건설을 위해 서로의 존재와 역할을 인정하고 서로의 장점을 극대화시키고 구성원 모두의 총력을 한곳으로 모아야 한다. 그 모으는 역할은 승자들의 몫이다. 단체장, 의원, 대통령의 몫이다. 물론 적극적인 참여는 우리 모두의 의무다.

　모두가 한마음으로 머리를 맞대고 철저한 현장조사와 확인과 치열한 난상토론 그리고 합리적 조정으로 올바른 목표를 정하자. 그리해야 힘이 들어도 기꺼이 참을 수 있고, 허리띠를 졸라

매자고 부탁할 수도 있지 않은가. 그런 과정들을 거쳐 목표가 하나 둘 달성될 때, 우리 모두가 같이 맛보는 성취감과 기쁨이 있고, 바로 거기에 우리 모두가 바라는 행복이 있는 것이 아닐까. 그 행복이야말로 선거로 패이고 갈라진 마음의 틈들을 메워줄 것이고, 세월호로 찢겨진 희생자와 유족 그리고 국민들의 아픈 마음을 치유해줄 최상의 치료제가 될 것이다.

2015년 12월

시민의 시

인생 한평생을 뒤돌아보니
– 나라 생각하고 국민 걱정하는 마음

/ 故 정 선 경 (경산시민)

성암산 곳곳에 진달래 만개하니
– 경산에 필요한 목민관을 뽑자하니

/ 이 정 희 (경산 고산 출신)

시민의 시

인생 한평생을 뒤돌아보니
– 나라 생각하고 국민 걱정하는 마음

故 정선경(경산시민)

인생 한평생을 뒤돌아보니
부질없고 부질없도다.

그래도 변치 않는 건
서쪽 성암산 동쪽으로는 구룡산
남쪽 남천강 북쪽은 금호수
아름다운 내 고장 경산 땅일세.

어리석은 인간 나이도 잊은 채
경산의 태평성대
언제 오나 기다렸습니다.

하지만 선거 앞둔 작금의 경산 정치실태
한심하고 개탄스럽습니다.
돈 있는 자 죄지은 자가 또 득세한다면

후세인들이 과연 뭐라 하겠습니까

나라를 생각하고 국민을 걱정하는 마음은
장관님이나 우리 늙은이들이 다르지 않을진데
존경하는 장관께서 후세인의 귀감으로
욕심 없이 사심 없이 냉철한 눈과 귀로
정확히 판단 내려주실 것을 앙망함은
석양을 바라보는 노구들의 간청입니다.

2010. 4.

시민의 시

성암산 곳곳에 진달래 만개하니
- 경산에 필요한 목민관을 뽑자하니

이정희(경산 고산 출신)

성암산 곳곳에 진달래 만개하니
우울한 세상사에도 자연은 제 할 일 다 하는구나.

경산시정 책임질 일꾼들 뽑을 때가 왔음에
후보들의 덕목 몇 가지 꼽아 봤으면 싶다.

첫째는 바른 사람이었음 좋겠다.
인과관계에 빚이 많은 후보는
백년대계의 초석 다지는 시정을 기대할 수 없기 때문이요

둘째는 부지런하고 심성이 따뜻한 후보여야겠다.
불철주야 서민들의 살림을 일일이 챙길 줄 아는
부지런하고 따뜻한 심성을 가졌으면 좋겠다.

셋째는 교육이다.

교육도시답게 학생들이 공부하는 데
가장 적합한 사회 환경을 만들어줘야 한다는
사명감을 가졌음 한다.

다음은 환경의 가치를 중요시 여기는
후보여야 됨은 두말할 필요가 없겠다.

냉철한 머리와 뜨거운 가슴을 가진
진정 시민을 사랑할 줄 아는
참신하고 유능한 목민관을 뽑는데
우리 유권자는
한 그루의 튼튼한 유실수를 심는다는 마음으로
이번 선거에 임해야겠다.

정치 에세이
새벽을 여는 **사람**들

2018년 5월 2일 인쇄
2018년 5월 10일 발행

지은이 / 정재학
펴낸이 / 손희경
펴낸곳 / 책마을
등록제 342-2007-00005호

주소 / 서울시 중구 마른내로6길 32 2층
           (인현동2가 189-24)
전화 (02) 2272-9113, 010-7162-5344
FAX (02) 2263-9725
E-mail / moonin02@hanmail.net

값 15,000원

ⓒ정재학
ISBN 978-89-93329-31-5 03300

이 책의 무단전재 및 복제행위는 저작권법에 의거, 처벌의 대상이 됩니다.

이 도서의 국립중앙도서관 출판예정도서목록(CIP)은
서지정보유통시스템 홈페이지(http://seoji.ni.go.kr)국가자료공동목록
시스템(http://www.nl.go.kr/kolisnet)에서 이용할 수 있습니다.
(CIP제어번호 : CIP2018013471)